主　　编　孙晓勇　国家法官学院院长
　　　　　　　　　　最高人民法院司法案例研究院院长
副 主 编　胡田野　国家法官学院副院长
　　　　　　刘　畅　最高人民法院司法案例研究院规划部主任
主编助理　赵文轩　最高人民法院司法案例研究院规划部编辑
　　　　　　刘丽媛　最高人民法院司法案例研究院规划部编辑

《中国法院年度案例》编辑人员（按姓氏笔画）
王　锐　刘　畅　朱建伟　朱　琳　吴光荣　李晓果
李　谦　杨小利　胡　岩　赵文轩　唐世银　徐一楠
贾　婷　曹海荣　梁　欣　程诗翰　程　瑛

本书编审人员　刘　畅

中国法院2022年度案例

国家法官学院　最高人民法院司法案例研究院 / 编

土地纠纷

（含环境资源纠纷）

中国法制出版社
CHINA LEGAL PUBLISHING HOUSE

《中国法院2022年度案例》通讯编辑名单

凌　巍　北京市高级人民法院
刘晓虹　北京市高级人民法院
董　扬　天津市高级人民法院
王　佳　河北省高级人民法院
刘冬梅　山西省高级人民法院
杨智勇　内蒙古自治区高级人民法院
周文政　辽宁省高级人民法院
张功岩　吉林省高级人民法院
孙学诗　黑龙江省高级人民法院
牛晨光　上海市高级人民法院
戴鲁霖　江苏省高级人民法院
缪　芳　江苏省高级人民法院
符东杰　江苏省南通市中级人民法院
周耀明　江苏省无锡市中级人民法院
杨　治　浙江省高级人民法院
蒋　莹　浙江省高级人民法院
吴　婧　安徽省高级人民法院
林文君　福建省高级人民法院
章光园　江西省高级人民法院
王露爽　山东省高级人民法院
郭宇凌　河南省高级人民法院
宋淼军　湖北省高级人民法院
杨晓彤　湖北省宜昌市中级人民法院
唐　竞　湖南省高级人民法院
谢佩宏　广东省高级人民法院
邹尚忠　广西壮族自治区高级人民法院
韦丹萍　广西壮族自治区高级人民法院
李周伟　海南省高级人民法院
谭中平　重庆市高级人民法院
任　梦　四川省高级人民法院
李丽玲　云南省高级人民法院
石　瑾　云南省昆明市中级人民法院
龙　媛　贵州省高级人民法院
施辉法　贵州省贵阳市中级人民法院
王丽萍　西藏自治区高级人民法院
郑亚非　陕西省高级人民法院
吴　莹　甘肃省高级人民法院
央　措　青海省高级人民法院
康　莹　宁夏回族自治区高级人民法院
马小菊　新疆维吾尔自治区高级人民法院
王　琼　新疆维吾尔自治区高级人民法院生产建设兵团分院

序

党的十八大以来，以习近平同志为核心的党中央高度重视法治在推进国家治理体系和治理能力现代化中的重要作用，党的十九届六中全会通过的《中共中央关于党的百年奋斗重大成就和历史经验的决议》指出，必须坚持中国特色社会主义法治道路，贯彻中国特色社会主义法治理论，坚持依法治国、依法执政、依法行政共同推进，坚持法治国家、法治政府、法治社会一体建设，全面增强全社会尊法学法守法用法意识和能力。人民法院始终坚持以习近平法治思想为指导，把加强司法案例研究作为推进全面依法治国的重要途径，通过发布具有普遍指导意义的典型案例，统一法律适用、提高审判质效，提升司法公信力，努力让人民群众在每一个司法案件中感受到公平正义。《中国法院年度案例》丛书，旨在总结提炼典型案例的裁判规则和裁判方法，发挥司法规范、指导、评价、引领的重要作用，大力弘扬社会主义核心价值观，增强全民法治意识和法治素养，展现新时代我国法治建设新成就。

《中国法院年度案例》丛书自2012年编辑出版以来，已连续出版11年，受到读者广泛好评。近年来，为更加全面地反映我国司法审判执行工作的发展进程，顺应审判执行实践需要，响应读者需求，丛书2014年度新增金融纠纷、行政纠纷、刑事案例3个分册，2015年度将刑事案例调整为刑法总则案例、刑法分则案例2个分册，2016年度新增知识产权纠纷分册，2017年度新增执行案例分册，2018年度将刑事案例扩充为4个分册。自2020年起，丛书由国家法官学院与最高人民法院司法案例研究院共同编辑，每年年初定期出版。在全国各级人民法院的大力支持下，丛书编委会现编辑出版《中国法院2022年度案例》系列丛书，共23册。为助力实施环境资源审判专门化的司法政策，推进生态文明建设与绿色发展，自今年起，丛书将土地纠纷（含林地纠纷）分册改为土地纠纷（含环境资源纠纷）分册。

《中国法院年度案例》丛书以开放务实的态度、简洁明快的风格，在编辑中坚持以下方法，努力把案例书籍变得“好读有用”：一是高度提炼案例内容，控制案例篇幅，每个案例基本在3000字以内；二是突出争议焦点，剔除无效信息，尽可能在有限的篇幅内为读者提供有效、有益的信息；三是注重对裁判文书的再加工，大多数案例由案件的主审法官撰写“法官后语”，高度提炼、总结案例的指导价值，力求引发读者思考，为司法工作提供借鉴，为法学研究提供启迪。

《中国法院年度案例》丛书编辑工作坚持以下原则：一是广泛选编案例。国家法官学院和最高人民法院司法案例研究院每年通过各高级人民法院从全国各地法院汇集上一年度审结的典型案例近万件，使该丛书有广泛的精选基础，优中选优，可提供给读者新近发生的全国各地多种类型的典型性案例。二是方便读者检索。为体现以读者为本的宗旨，丛书分卷细化，每卷下还将案例主要根据案由分类编排，每个案例用一句话概括裁判规则、裁判思路或焦点问题作为主标题，让读者一目了然，迅速找到目标案例。

中国法制出版社始终全力支持《中国法院年度案例》丛书的出版，给了作者和编辑们巨大的鼓励。2022年，丛书将继续提供数据库增值服务。购买本书，扫描前勒口二维码，即可在本年度免费查阅往年同类案例数据库。我们在此谨表谢忱，并希望通过共同努力，逐步完善，做得更好，真正探索出一条编辑案例书籍、挖掘案例价值的新路，更好地服务社会主义法治国家建设、服务法治社会建设、服务学习研究法律的读者。

《中国法院年度案例》丛书既是法官、检察官、律师等法律工作者的办案参考和司法人员培训的实用教材，也是社会大众学法用法的经典案例读本，同时是教学科研机构案例研究的良好系列素材。当然，案例作者和编辑在编写过程中也难以一步到位实现最初的编写愿望，客观上会存在各种不足甚至错误，欢迎读者批评指正。我们愿听取各方建议，不断扩宽深化司法案例研究领域，立足新发展阶段，实现中国特色司法案例研究事业的高质量发展。

国家法官学院

最高人民法院司法案例研究院

2022年1月

目　录

Contents

土地纠纷

一、侵害集体经济组织成员权益纠纷

二、土地承包经营权纠纷

（一）土地承包经营权确认纠纷

（二）承包地征收补偿费用分配纠纷

三、土地承包经营权合同纠纷

四、土地租赁合同纠纷

五、其他相关纠纷

环境资源纠纷

六、环境污染责任纠纷

七、生态环境保护公益诉讼

八、其他环境资源案

土地纠纷

一、侵害集体经济组织成员权益纠纷

1

土地互换后，承包户多耕种部分的土地承包经营权争议，不属于法院受理范围

——赵某义等诉某村委会侵害集体经济组织成员权益案

【案件基本信息】

1. 裁判书字号

黑龙江省高级人民法院（2020）黑民申2431号民事裁定书

2. 案由：侵害集体经济组织成员权益纠纷

3. 当事人

原告（上诉人、再审申请人）：赵某义等

被告（被上诉人、再审被申请人）：某村委会

第三人：某水稻良种场

【基本案情】

1983年，因某水稻良种场某县第二水稻良种场（以下简称第二良种场）修路，需要占用某村九组的承包田，赵某义等42人主张经全体九组村民与第二良种场协商同意后决定进行土地置换，占用某村九组的承包田面积为94.01亩，

均为基本农田，由第二良种场以该场位于农机科的近25垧土地进行置换，25垧土地中的94.01亩由某村委会在1998年进行了确权，每户确权的土地面积为土地置换前面积，标明确权地块位置为农机科。在诉讼时，25垧土地中除25.01亩以外权属均登记在第二良种场权属范围内。在第二良种场旧式的二良版图中，由某村委会在版图中盖章确认置换土地相邻各村的边界。第二良种场对诉争土地没有争议，亦不主张诉争土地的权益。1983年至今，赵某义等42户村民一直在农机科耕种近25垧土地，已由旱田改为水田，除1998年确认的土地经营权证中的土地面积，多种植的土地面积各不相同。2020年3月8日，某村委会将赵某义等42户村民通过置换承包经营的水田作为村机动地进行清理收回，赵某义等42人认为某村委会的行为侵犯了其依法享有的合法承包经营权，造成了巨大的损失，故起诉至法院。

【案件焦点】

1. 赵某义等42户村民诉争的合计325.994亩土地的权属如何确定；2. 赵某义等42户是否对涉诉的各自数量的土地享有承包经营权；3. 赵某义等42户起诉的内容是否属于法院受案范围。

【法院裁判要旨】

黑龙江省依安县人民法院经审理认为：依原告的诉讼请求，原告主张其作为土地承包经营权的被侵权人，要求侵权人即被告返还其土地承包经营权，因原告未提交其与被告签订的案涉土地的承包合同或土地承包经营权证，依据《中华人民共和国农村土地承包法》第二十三条："承包合同自成立之日起生效。承包方自承包合同生效时取得土地承包经营权。"由此可认定，原告未依法取得涉案土地承包经营权；另，依据《最高人民法院关于审理涉及农村土地承包纠纷案件适用法律问题的解释》[①] 第一条第二款："集体经济组织成员因未

① 配合《中华人民共和国民法典》的施行，最高人民法院对大量司法解释进行了修正。本书收录的部分案例裁判于相关司法解释修正之前，适用的是当时有效的司法解释。下文将不再对此进行提示。

实际取得土地承包经营权提起民事诉讼的，人民法院应当告知其向有关行政部门申请解决。”《中华人民共和国土地管理法》第十六条：“土地所有权和使用权争议，由当事人协商解决；协商不成的，由人民政府处理。单位之间的争议，由县级以上人民政府处理；个人之间、个人与单位之间的争议，由乡级人民政府或者县级以上人民政府处理。当事人对有关人民政府的处理决定不服的，可以自接到处理决定通知之日起三十日内，向人民法院起诉。在土地所有权和使用权争议解决前，任何一方不得改变土地利用现状。”本案实为原告作为集体经济组织成员与被告之间关于案涉土地是否享有土地承包经营权的纠纷，原告在庭审中也自述本案争议土地未经相关政府部门处理。综上，原告的起诉不属民事诉讼受案范围。

黑龙江省依安县人民法院依照《中华人民共和国土地管理法》第十六条、《中华人民共和国农村土地承包法》第二十三条、《最高人民法院关于审理涉及农村土地承包纠纷案件适用法律问题的解释》第一条第二款、《中华人民共和国民事诉讼法》① 第一百一十九条第四项、《最高人民法院关于适用〈中华人民共和国民事诉讼法〉的解释》第二百零八条规定，裁定如下：

驳回原告赵某义等 42 人的起诉。

赵某义不服原审裁定，提起上诉。黑龙江省齐齐哈尔市中级人民法院经审理认为：1983 年因第二良种场占用某村九组的口粮田、承包田，包括赵某义在内的 42 户村民用耕种的优质土地与某水稻良种场进行土地互换，赵某义等村民从 1983 年一直耕种至今，2020 年 3 月，赵某义等 42 户主张某村委会以互换的土地作为该村的机动地收回，诉请某村委会停止侵权，返还侵占的土地承包经营权。涉案土地系 1983 年某村九组村民与某水稻良种场进行互换的土地，某水稻良种场的土地系国有土地，虽然进行了互换，但仍登记在某水稻良种场名下，涉案土地仍为国有土地。2019 年 2 月 14 日某水稻良种场、某村委会签订《确

---

① 《中华人民共和国民事诉讼法》已经于 2021 年 12 月 24 日修改，2022 年 1 月 1 日实施。本书收录案例均裁判于该法修改之前，适用的是当时有效的条文，下文将不再对此进行提示。

认土地置换协议书》，确认对一轮土地承包前，某水稻良种场由于修路与某村委会进行了土地置换，置换土地的所有权归某村委会所有。因所互换的土地属于国有土地，且互换行为发生在1983年，根据当时的国家土地政策，农村土地多为生产队或村民小组所有，现本案所置换的土地是属于某水稻良种场、某村委会还是属于包括赵某义等42户在内的某村九组村民小组所有，该权属不清，且属于历史遗留问题，根据《中华人民共和国土地管理法》第十六条的规定，应由有关人民政府处理。赵某义等42户的上诉理由不能成立，不予支持。原审裁定认定事实和适用法律正确，予以维持。

黑龙江省齐齐哈尔市中级人民法院依照《中华人民共和国民事诉讼法》第一百七十条第一款第一项、第一百七十一条规定，裁定如下：

驳回上诉，维持原判。

赵某义等42户不服二审裁定，向黑龙江省高级人民法院申请再审。黑龙江省高级人民法院经审理认为：关于土地的所有权和使用权问题。案涉土地的性质为国有土地，且互换行为发生在1983年，根据当时的国家土地政策，农村土地多为生产队或村民小组所有。本案所置换土地属于某水稻良种场还是某村委会抑或属于某村第九小组所有，系权属争议。原审法院依据《中华人民共和国土地管理法》第十六条规定，认为本案应由有关人民政府处理，而不应由人民法院受理，并无不当。关于一审程序是否违法问题。《中华人民共和国民事诉讼法》第一百五十八条规定："对简单的民事案件，原告可以口头起诉。当事人双方可以同时到基层人民法院或它派出的法庭，请求解决纠纷。基层人民法院和它派出的法庭可以当即审理，也可以另定日期审理。"第一百五十九条规定："基层人民法院和它派出的法庭审理简单的民事案件，可以用简便方式传唤当事人和证人、送达诉讼文书、审理案件，但应当保障当事人陈述意见的权利。"第一百六十条规定："简单的民事案件由审判员一人独任审理，并不受本法第一百三十六条、第一百三十八条、第一百四十一条规定的限制。"本案一审法院的审理符合上述规定，适用简易程序并无不当。综上，赵某义等42人的再审申请不符合《中华人民共和国民事诉讼法》第二百条第二项、第六项、第七项规定的情形。

黑龙江省高级人民法院依照《中华人民共和国民事诉讼法》第二百零四条第一款，《最高人民法院关于适用〈中华人民共和国民事诉讼法〉的解释》第三百九十五条第二款规定，裁定如下：

驳回赵某义等42人的再审申请。

【法官后语】

农村的资产、资源、资金（统称三资）清理，是指对村集体经济组织的三资进行合理清查、整顿和完善，是加强农村集体三资管理的重要基础，是推进农村党风廉政建设的重要内容，是维护农民群众切身利益的重要举措，对加快新农村建设，促进农村社会和谐稳定具有重要意义。本案引申出的问题是，互换的土地包括国有土地，且互换土地的一方是某村第九小组还是某村委会，当诉讼至法院时权属仍不明确的情况下，该案是否属法院受案范围。黑龙江省三级法院对该问题作出清晰明确的回答，为依法解决三资清理过程中产生的问题和矛盾提供了示范。本案的审理涉及以下问题：

一、互换土地主体的认定

1983年因第二良种场修路，需要占用某村九组的承包田，原告主张经全体九组村民与第二良种场协商同意后决定进行土地互换，但是原告没有提交相应的书面置换协议，无法证明置换某村九组的承包田是经某村第九小组同意并由该村小组作为置换主体。另外，在第二良种场旧式的二良版图中，系由某村委会在版图中盖章确认置换土地相邻各村的边界。因此，依据现有证据，无法证明置换承包田的主体是某村第九小组还是某村委会，对于置换主体各方存有争议，且未经人民政府处理，置换主体无法确定。

二、优质土地互换数倍面积劣质土地，经过近40年的耕种，是否当然具有土地承包经营权

对于原告方，置换前94.01亩均为基本农田，1998年某村委会对于农机科与置换前各承包户的同等面积进行确认土地承包经营权，原告均未提出异议，应视为对确权土地面积的认可。自1983年开始，原告方42户对置换所得的25

垧土地持续进行耕种至2019年秋收后，其种植面积超出土地承包经营权证中的面积，是历经近40年的历史遗留问题，相关人民政府未进行确权处理。由于土地权属并不以法律事实中的先占作为确认权属的依据，因此，原告方并不因持续耕种并改良土地当然享有土地承包经营权。至诉讼时，25垧土地中除94.01亩以外权属均登记在第二良种场权属范围内，该良种场对诉争土地没有争议，亦不主张诉争土地的权益，42户村民除1998年确认的土地经营权证中的土地面积，多种植的土地面积各不相同，故42户村民是否享有多余部分的土地承包经营权以及各户土地面积数量确认的前提，应当由有关人民政府先行作出处理决定。42户村民互换后实际耕种的土地面积较互换前多出数倍，且持续耕种近37年，其间的经营收益，对比在2020年春耕前某村委会收回多余土地的行为，其中不存在显失公平。由于42户村民未取得多出部分土地的承包经营权，2020年3月8日，某村委会将赵某义等42户村民通过置换承包经营的农机科水田作为村机动地进行清理收回，不属侵犯农民依法享有的合法承包经营权的行为。

三、有关人民政府作出处理决定后，42户村民应提起何种诉讼

根据《中华人民共和国土地管理法》第十六条规定，如果当事人对有关人民政府的处理决定不服的，可以自接到处理决定通知之日起三十日内，向人民法院起诉，但提起何种诉讼，法律并未清晰界定。就本案而言，笔者认为，如果42户村民对人民政府作出的处理决定有异议，认为人民政府的行政行为对土地权属的界定对其权利产生实质性影响的，可在人民政府处理决定作出后，向人民法院提起诉讼，人民法院应作为行政案件依法受理；如当事人在人民政府作出权属界定后，仅对土地权属产生争议诉至法院的，人民法院应作为民事案件，并根据双方举证情况对其民事权利义务作出认定。

基层的司法实践中，对于农民因土地权属以及未分得土地引发的纠纷，应严格把握争议土地的权属是否经过人民政府的处理以及处理结果，农民与其所属集体经济组织之间是否签有土地承包经营合同，并以行政处理结果和承包合同作为案件处理的依据或参照。

编写人：黑龙江省依安县人民法院　刘佳

2

离婚妇女集体经济组织成员资格的认定

——包某玲诉某村民小组侵害集体经济组织成员权益案

【案件基本信息】

1. 裁判书字号

广西壮族自治区北海市中级人民法院（2019）桂 05 民终 1438 号民事判决书

2. 案由：侵害集体经济组织成员权益纠纷

3. 当事人

原告（上诉人）：包某玲

被告（被上诉人）：某村民小组

【基本案情】

包某玲于 2009 年 9 月 7 日与某村南队村民陈某成结婚，婚后将户口迁入某村，成为某村民小组成员，至 2017 年一直享有该村的集体收益。2012 年 4 月 18 日，包某玲因与陈某成感情不和离婚，离婚后包某玲一直在某村生活，户口也未迁出某村。2019 年 1 月 29 日，某村民小组召开村民大会，会议决定离婚的妇女不得享受集体收益。2019 年 6 月 4 日，某村民小组决定给每位村民发放 5 万元集体收益，对包某玲以其属于离婚妇女为由未发放。

【案件焦点】

包某玲离婚后是否还具有某村民小组集体经济组织成员资格，能否享有集体组织权益。

【法院裁判要旨】

广西壮族自治区北海市银海区人民法院经审理认为：包某玲离婚后户口虽未迁出，但是实际已搬离户口地脱离某村民小组，且生活居住、工作均在外地，对该村民小组没有尽到相应义务，不再具有该经济组织成员资格。依据《最高人民法院关于审理涉及农村土地承包纠纷案件适用法律问题的解释》第二十四条的规定，某村民小组于 2019 年 6 月未给包某玲发放涉案的集体收益款符合法律规定。据此包某玲请求支付其集体收益 5 万元，没有事实和法律依据，不予支持。

广西壮族自治区北海市银海区人民法院依照《中华人民共和国民法通则》[①]第五条、《中华人民共和国村民委员会组织法》第二十四条、《最高人民法院关于审理涉及农村土地承包纠纷案件适用法律问题的解释》第二十四条、《最高人民法院关于民事诉讼证据的若干规定》第二条、《最高人民法院关于适用〈中华人民共和国民事诉讼法〉的解释》第九十条、《中华人民共和国民事诉讼法》第六十条第一款规定，判决如下：

驳回包某玲的诉讼请求。

包某玲不服一审判决，提出上诉。广西壮族自治区北海市中级人民法院经审理认为：包某玲离婚至今，其户籍一直未迁出某村民小组。无论其是否在涉案小组生产生活都应为该小组合法成员，具备相应的成员资格。根据《中华人民共和国村民委员会组织法》第二十七条第二款及相关规定，某村民小组未发放集体收益款给包某玲，损害了其作为集体经济成员的合法权益。一审判决不当，予以纠正。

广西壮族自治区北海市中级人民法院依照《中华人民共和国村民委员会组织法》第二十七条第二款、《最高人民法院关于审理涉及农村土地承包纠纷案件适用法律问题的解释》第二十四条和《中华人民共和国民事诉讼法》第一百

① 《中华人民共和国民法典》于 2021 年 1 月 1 日起实施，《中华人民共和国合同法》《中华人民共和国民法总则》等同时废止。本书收录的部分案例裁判于《中华人民共和国民法典》生效前，适用的是当时有效的法律规定，下文将不再对此进行提示。

七十条第一款第二项规定，判决如下：

一、撤销广西北海市银海区人民法院民事判决；

二、某村民小组应支付集体收益5万元给包某玲。

【法官后语】

本案涉及集体经济组织成员资格认定、村民自治及妇女权益保护问题。

一、集体经济组织成员的资格认定

农村集体经济组织成员的利益与集体组织的利益紧密相连，确定和保障集体经济组织的成员权益的前置问题是以什么样的标准确定集体经济组织的成员资格。但现今对集体经济组织成员资格认定并没有明确的标准规定，实践中存在多种认识，目前以多元标准为通识观点，认为除具有集体组织所在地户口外，还需结合当事人是否在当地有承包地，是否在当地形成较为固定的生产、生活，是否以本集体经济组织土地为基本生活保障等来综合考量。笔者认为，是否具有集体经济组织成员资格应从成员与农村集体关联程度这一视角进行综合判断，不仅要依据户籍、居住时间长短、是否承包经营土地、血缘关系、婚姻关系等因素，还要依据是否在集体经济组织处生产生活和是否履行农村集体的义务等，以综合标准来界定。

妇女在农村土地承包经营、集体经济收益分配、土地征收或者征用补偿费分配以及宅基地使用等方面，应享有与男子平等的权利。根据《中华人民共和国妇女权益保障法》第三十三条第一款“任何组织和个人不得以妇女未婚、结婚、离婚、丧偶等为由，侵害妇女在农村集体经济组织中的各项权益”，《中华人民共和国农村土地承包法》第三十一条“承包期内，妇女结婚，在新居住地未取得承包地的，发包方不得收回其原承包地；妇女离婚或者丧偶，仍在原居住地生活或者不在原居住地生活但在新居住地未取得承包地的，发包方不得收回其原承包地”规定，农村集体经济组织不能仅因妇女婚姻关系的变化收回其承包地，剥夺其集体经济组织成员资格。

二、村民会议决策的效力

《中华人民共和国村民委员会组织法》是村民开展自治的基本法律依据，

村民委员会作为基层群众性自治组织，实行民主选举、民主决策、民主管理、民主监督，村民会议则是村民自治的决策机构。但村民会议所作的决定并非绝对有效的，而是受法律约束的。《中华人民共和国村民委员会组织法》第二十七条第二款，村民自治章程、村规民约以及村民会议或者村民代表会议的决定不得与宪法、法律、法规和国家的政策相抵触，不得有侵犯村民的人身权利、民主权利和合法财产权利的内容。因此，虽然村民会议决议是村民自治的表现，但其决议不可违反法律规定随意否认妇女的集体经济组织成员资格。

本案中，原告因与被告经济组织成员的婚姻关系将户口迁入被告处，并一直享有该村集体经济组织权益直至2019年离婚。离婚后，其户口未迁出。被告以其搬离被告住所地，脱离了村民小组，其生活、居住、工作均在外地为由，经村民会议表决取消了原告集体经济组织成员资格，因而未保留原告原本的集体经济组织权益份额，也未对其发放集体经济组织权益款项。显然是以民主的形式剥夺了原告的基本权益保障。因为，在农村集体经济组织成员未改变户籍性质、退出承包地而且未取得其他稳定的生活保障之前，集体经济组织不能以出嫁或者离婚为由剥夺其原有的成员资格，排除其平等获取集体收益的权利。对于此种情形，司法一般也不宜认定农村集体经济组织成员资格丧失。

编写人：广西壮族自治区北海市银海区人民法院　涂恬静

3

土地征收补偿费用分配中如何保护胎儿的合法权益

——罗某辰诉某村民小组侵害集体经济组织成员权益案

【案件基本信息】

1. 裁判书字号

湖南省浏阳市中级人民法院（2021）湘0181民初8137号民事判决书

2. 案由：侵害集体经济组织成员权益纠纷

3. 当事人

原告：罗某辰

被告：某村民小组

【基本案情】

罗某辰于2019年10月14日出生，其父罗某强与其母韩某均为某村民小组的组民。2019年5月20日，某村民小组（被征地单位）与某市经济开发区征地拆迁所（征地单位）签订《征地补偿协议书》，约定了征地面积和拆迁费用。《某村民小组征收田旱地林地款项分配决议》规定：某村民小组征收款项参与分配组上人口进出截止日期为征收协议签字日期，即2019年6月28日，以后增加的人口都不参与此次分配。2020年6月5日，某村民小组组民就该决议进行投票表决并形成《某村民小组征收田土林地分配决议》，内容为："分配方案组上按2019年6月28日24时本组在籍在册人口为12万元/人均进行第一次分配。"某村民小组共计36户，其中32位户主在《某村民小组征收田土林地分配决议》上签字认可。原告方认为罗某辰通过出生取得某村民小组经济组织成员的资格，理应参与组上的分配，形成本诉。

【案件焦点】

土地征收补偿费分配应否为胎儿预留份额。

【法院裁判要旨】

湖南省浏阳市中级人民法院经审理认为：胎儿的合法权益应当得到保障。农村集体经济组织召开村民会议通过民主议定程序就征地补偿费如何进行分配进行表决，不得违反国家法律规定，村民会议的表决结果不得剥夺胎儿的正当、合法权益。被告决议“按2019年6月28日24时本组在籍在册人口为12万元/人均”进行分配，原告于2019年10月14日出生，在6月28日尚系胎儿。《中华人民共和国民法典》第十六条关于“涉及遗产继承、接受赠与等胎儿利益保护的，胎儿视为具有民事权利能力。但是，胎儿娩出时为死体的，其民事权利能力自始不存在”的规定，从法律上明确胎儿利益保护的范围为“涉及遗产继承、接受赠与等胎儿利益保护的”。胎儿在生理上的特殊性决定了其作为民事主体，享受权利是主要的，而承担义务是次要的。胎儿存在于母腹之中，无意思能力、行为能力及责任能力，而其享受的权利却是相当广泛的，除了遗产继承和接受赠与，还有其他涉及胎儿利益保护的情况。对胎儿权益的保护，在集体土地征收过程中应当得到落实和贯彻。由于我国实行的是家庭联产承包责任制，依据《中华人民共和国农村土地承包法》的立法宗旨和精神及有关政策规定，土地是村民的基本生活资料和生活保障，按户口属地原则，村民应享有户口所在村的土地承包权和土地补偿分配权，作为其基本生活资料和生活保障。土地补偿费是对农村集体土地所有权丧失的补偿，具有对集体经济组织成员的基本生活提供保障的功能。土地补偿费分配权基于集体经济组织成员的身份而产生。在征收集体土地时，应把胎儿列为安置对象进行补偿。故对于原告请求被告支付相应份额土地征收补偿费即120000元，应予支持。被告关于原告在征地补充安置方案确定时未取得本集体经济组织成员资格而不能参与土地补偿款的分配，其作出的土地征收补偿款分配方案合法的抗辩意见，缺乏事实和法律依据，不予采纳。

湖南省浏阳市中级人民法院依照《中华人民共和国民法典》第十六条、第二百六十条、第二百六十一条第二款第三项,《中华人民共和国村民委员会组织法》第二十四条第一款第七项、第二十八条第一款,《最高人民法院关于审理涉及农村土地承包纠纷案件适用法律问题的解释》第二十二条规定,判决如下:

限某村民小组于本判决生效后三十日内支付罗某辰土地征收补偿费120000元。

【法官后语】

本案涉及胎儿权益保护问题。胎儿是所有自然人生命发育的必经阶段,对胎儿利益保护既是民法的一项重要内容,也是法律研究中的一个重要话题。在当前的司法实践中,对胎儿权益的保护主要涉及继承、接受赠与、损害赔偿和征地补偿等。

关于胎儿能否成为征地补偿的对象,理论界与司法实务界曾存在较大分歧,有肯定说与否定说。否定说认为,应对胎儿利益保护范围扩张持谨慎态度,胎儿不能成为征地补偿对象,理由是无论从农村集体经济组织成员的身份、权利义务关系的角度来看,还是从现有的相关法律规定来看,均无法得出胎儿可以成为征地补偿对象的结论。肯定说认为,胎儿具有民事权利能力,决定了其受孕时即具有民事主体地位,已被视为自然人,可以拥有其出生后享有的人身权和财产权。立法层面,我国法律对胎儿利益的保护,经历了从《中华人民共和国继承法》到《中华人民共和国民法总则》《中华人民共和国民法典》的发展变化过程。《中华人民共和国民法典》第十六条通过"列举+概括性规定"的模式对胎儿权益保护进行规制,显然,肯定说符合立法的目的和宗旨,更有利于保护胎儿利益。

《中华人民共和国民法典》第十六条为在集体土地征收过程中更好地保护胎儿的权益提供了法律依据。根据该条规定,涉及遗产继承、接受赠与等胎儿利益保护的,胎儿视为具有民事权利能力。但是,胎儿娩出时为死体的,其民事权利能力自始不存在。其意义在于:第一,明确在涉及胎儿特定利益保护时,将其"视为具有民事权利能力",说明胎儿虽不是民事主体,但在其权益需要法律保护时，可适用民事主体权益保护的相关规则，但是胎儿娩出时为死体的，溯及地认为其权利能力自始不存在。第二，扩大了胎儿的利益保护范围，在保留原《中华人民共和国继承法》关于为胎儿保留继承份额规定的基础上，增加胎儿接受赠与的规定。特别是关于“等胎儿利益”的表述，意在表明立法对于胎儿利益保护持开放立场，保护范围不限于条款中明示的“遗产继承、接受赠与”两项，还应当包括其他保障胎儿正常发育的人身利益和为其出生后的生活提供一定保障的财产利益，如本案涉及的征地补偿权等权益。第三，胎儿权利的行使应当比照未成年人监护制度，由其父母作为法定代理人行使权利，包括实施法律行为、代理诉讼。①

土地补偿费分配权关系胎儿的重大利益。土地是村民的基本生活资料和生活保障，土地补偿费是对农村集体土地所有权丧失的补偿，具有对集体经济组织成员的基本生活提供保障的功能。在对土地补偿费进行分配时，若胎儿不能成为征收补偿的对象，一旦土地被征收，意味着胎儿出生后将失去依赖土地而产生的利益，势必影响胎儿的生存、发展及胎儿家庭的生活水平，赋予胎儿在土地征收中享有补偿的权利，将胎儿视为已出生的自然人，彰显了民法所体现的生命平等法治理念和人文关怀。

在司法实践中，亦确立了集体土地征收过程中应当保护胎儿权益的规则。例如最高人民法院在（2018）最高法行申7016号、7017号、7019号、7021号行政裁定书②中认为，胎儿享受的权利是相当广泛的，除了遗产继承和接受赠与，还有其他涉及胎儿利益保护的情况，在司法实践中要结合具体情形判断是否属于胎儿权益保护范围。对胎儿权益的保护，在集体土地征收过程中应当得到落实和贯彻。

本案立足于胎儿利益保护规则和司法实践，裁判时对《中华人民共和国民

---

① 最高人民法院民法典贯彻实施工作领导小组主编：《中华人民共和国民法典总则编理解与适用（上）》，人民法院出版社2020年版，第115页。

② 李某某、杨某某、唐某某、刘某某诉某市人民政府征收安置补偿四案，载中国裁判文书网，https：//wenshu. court. gov. cn/website/wenshu/181107ANFZ0BXSK4/index. html? docId = da48dab0d54c4b07a685aa06010c2190，2021年1月18日访问。

法典》第十六条规定予以适当的合理解释，支持了涉案土地补偿费分配时尚处于胎儿的罗某辰的诉讼请求，为有效保护胎儿合法权益提供了一个样本。

编写人：湖南省浏阳市中级人民法院　刘敢德　许玉君

4

村民会议决议不得侵犯集体经济组织成员合法权益

——吴甲诉某经济合作社侵害集体经济组织成员权益案

【案件基本信息】

1. 裁判书字号

广东省江门市中级人民法院（2020）粤07民终3745号民事判决书

2. 案由：侵害集体经济组织成员权益纠纷

3. 当事人

原告（被上诉人）：吴甲

被告（上诉人）：某经济合作社

【基本案情】

梅某、吴小乙、冯某三人为被告某经济合作社的村民（冯某是吴甲、吴乙的母亲，梅某是吴乙的妻子，吴小乙是吴乙的儿子）。1999年，被告某经济合作社的社员对该村的责任田进行承包，吴甲承包的土地总面积为4.06亩，家庭人口为5人。2017年7月5日，恩平市人民政府向原告吴甲发放《中华人民共和国农村土地承包经营权证》，经营权证中载明发包方为某经济合作社，承包方代表为原告吴甲，承包期限为2000年1月1日起至2029年12月31日止，承包方家庭成员包括：吴甲、冯某、吴乙、梅某、吴小乙等9人，承包地实测总面积为7.01亩。

2018年8月31日，某经济合作社发出通知，某经济合作社决定于2018年9月5日召开村民大会，村民大会中通过按户籍人口占六成，1999年份田人口占四成的方案。2018年9月7日，某经济合作社作出公示，公示中写明某经济合作社实际征地补偿款为5835608元，扣除12年农田补偿发放362934元，村民大会决议预留村集体资金400000元，计划分配征地款总额为5072000元，其中按人口分配比例占总额60%即3043200元，总人口为314人，平均人占金额为9691元，该项实际分配到户总额为3042974元；按责任田（即按某经济合作社1999年承包责任田）分配比例占总额40%即2028800元，责任田人口284人，平均人占金额7140元，此项实际分配到户总额2027760元。原告确认梅某等三人已收到按龙湾村征地补偿分配（人口）名单公示每人9691元的征地补偿款，但在被告公示的龙湾村征地补偿分配（责任田）名单公示中没有梅某等三人的名字。

吴甲遂以梅某、吴小乙、冯某3人是某经济合作社的土地承包者为由请求被告支付其按责任田比例分配的人均占额7140元的征地补偿费。

【案件焦点】

1. 原告吴甲的诉讼主体资格是否适格的问题；2. 原告吴甲的家庭承包成员梅某、吴小乙、冯某三人是否应当取得按责任田比例分配的征地补偿费用合计21420元（7140元/人×3人）。

【法院裁判要旨】

广东省恩平市人民法院经审理认为：吴甲作为承包某经济合作社土地的承包方代表，当其承包方家庭成员与发包方发生纠纷时，有权代表其家庭成员进行诉讼，是本案适格的诉讼主体。

根据《最高人民法院关于审理涉及农村土地承包纠纷案件适用法律问题的解释》第二十四条“农村集体经济组织或者村民委员会、村民小组，可以依照法律规定的民主议定程序，决定在本集体经济组织内部分配已经收到的土地补偿费。征地补偿安置方案确定时已经具有本集体经济组织成员资格的人，请求支付相应份额的，应予支持……”以及《中华人民共和国村民委员会组织法》第二十七条第二款“村民自治章程、村规民约以及村民会议或者村民代表会议的决定不得与宪法、法律、法规和国家的政策相抵触，不得有侵犯村民的人身权利、民主权利和合法财产权利的内容”规定，梅某等三人是被告某经济合作社的村民，被告亦已通过发放按人口获得每人9691元标准的征地补偿款的方式对此予以确认；且梅某、吴小乙、冯某三人已于2017年7月5日确定为某经济合作社的责任田承包者，而某经济合作社于2018年9月才进行民主议定，此前梅某等三人已取得了某经济合作社的成员资格，应与该村其他成员一样享有同等权益，该权益不允许也不能由任意当事人的多数表决加以剥夺。某经济合作社的民主决议将责任田分配人口限定为1998年以前的责任田人口，剥夺了梅某、吴小乙、冯某三人的合法财产权利，现梅某、吴小乙、冯某三人要求某经济合作社支付按责任田比例分配的征收补偿费用合计21420元（7140元/人×3人），理据充分，应予以支持。

广东省恩平市人民法院根据《中华人民共和国村民委员会组织法》第二十七条第二款，《最高人民法院关于审理涉及农村土地承包纠纷案件适用法律问题的解释》第四条、第二十四条，《最高人民法院关于适用〈中华人民共和国民事诉讼法〉的解释》第九十条规定，判决如下：

一、原告吴甲的承包方家庭成员梅某、吴小乙、冯某三人享有公平、平等分配被告某经济合作社征地补偿费的权利；

二、被告某经济合作社应于本判决生效之日起十日内一次性支付原告吴甲的承包方家庭成员梅某、吴小乙、冯某的征收补偿费用合计21420元给原告吴甲。

某经济合作社不服一审判决，提起上诉。广东省江门市中级人民法院经审理认为：本案系侵害集体经济组织成员权益纠纷。根据《中华人民共和国民事诉讼法》第一百六十八条“第二审人民法院应当对上诉请求的有关事实和适用法律进行审查”以及《最高人民法院关于适用〈中华人民共和国民事诉讼法〉的解释》第三百二十三条“第二审人民法院应当围绕当事人的上诉请求进行审理。当事人没有提出请求的，不予审理，但一审判决违反法律禁止性规定，或者损害国家利益、社会公共利益、他人合法权益的除外”的规定，本案二审审理范围仅针对某经济合作社提出上诉的问题；对双方当事人没有提出请求的，不予审理。综合双方当事人的上诉及答辩意见，本案二审的争议焦点为：某经济合作社是否应向吴甲支付征收补偿费21420元。

恩平市人民政府2017年7月5日发放的《中华人民共和国农村土地承包经营权证》载明发包方为某经济合作社，承包方代表为吴甲，承包方家庭成员包括梅某、吴小乙、冯某三人，根据《中华人民共和国物权法》第一百二十七条“土地承包经营权自土地承包经营权合同生效时设立。县级以上地方人民政府应当向土地承包经营权人发放土地承包经营权证、林权证、草原使用权证，并登记造册，确认土地承包经营权”的规定，梅某、吴小乙、冯某三人享有土地承包经营权。根据《中华人民共和国村民委员会组织法》第二十七条第二款“村民自治章程、村规民约以及村民会议或者村民代表会议的决定不得与宪法、法律、法规和国家的政策相抵触，不得有侵犯村民的人身权利、民主权利和合法财产权利的内容”的规定，某经济合作社通过民主议定程序通过的分配方案不得侵犯村民的合法财产权利。土地征收补偿费是对农村集体所有的集体土地所有权消灭的补偿，其受益主体是该集体经济组织内部所有具有成员资格的人，在集体土地所有权的制度下，农村集体经济组织成员平等地享有集体土地的所有权利。本案中梅某、吴小乙、冯某三人是某经济合作社集体经济组织的成员，且已经于2017年7月5日取得了《中华人民共和国农村土地承包经营权证》，承包期限为2000年1月1日至2029年12月31日，某经济合作社是于2018年9月才通过的民主决议，该决议将责任田分配人口限定为1999年以前的责任田人口，剥夺了梅某、吴小乙、冯某三人与某经济合作社其他成员享有同等经济权益的资格，侵害了梅某、吴小乙、冯某三人的合法财产权利。按照某经济合作社的分配方案，梅某、吴小乙、冯某三人按责任田比例分配的征地补偿费用合计为21420元（7140元/人×3人=21420元），故一审判令某经济合作社向吴甲支付其家庭成员梅某、吴小乙、冯某三人的征收补偿费用21420元，并无不当，本院予以维持。综上所述，某经济合作社的上诉请求不能成立，应予驳回；一审法院认定事实清楚，适用法律正确，应予维持。

广东省江门市中级人民法院依照《中华人民共和国民事诉讼法》第一百七十条第一款第一项规定，判决如下：

驳回上诉，维持原判。

【法官后语】

村民委员会是村民自我管理、自我教育、自我服务的基层群众性自治组织，实行民主选举、民主决策、民主管理、民主监督，其自治章程、村规民约以及村民会议或者村民代表会议的决定不得与宪法、法律、法规和国家的政策相抵触，不得有侵犯村民的人身权利、民主权利和合法财产权利的内容。

本案中，吴甲的承包方家庭成员梅某、吴小乙、冯某能否取得征收补偿费用的关键在于该三人是否具有某村的土地承包权。根据《中华人民共和国物权法》第一百二十七条“土地承包经营权自土地承包经营权合同生效时设立。县级以上地方人民政府应当向土地承包经营权人发放土地承包经营权证、林权证、草原使用权证，并登记造册，确认土地承包经营权”的规定（对应《中华人民共和国民法典》第三百三十三条），梅某、吴小乙、冯某三人已于2017年7月5日确定为被告某经济合作社的责任田承包者，该三人享有土地承包经营权，但被告某经济合作社的民主决议将责任田分配人口限定为1998年以前的责任田人口，剥夺了梅某、吴小乙、冯某三人合法财产权利。该三人享有公平、平等分配被告某经济合作社征地补偿费的权利，被告某经济合作社应当支付征收补偿费用合计21420元给原告。

本案生效判决为同类侵害集体经济组织成员权益纠纷的处理提供的类案参考。该案判决生效后，本院新受理一系列该村村民诉某经济合作社侵害集体经济组织成员权益纠纷案件，在查明事实的基础上，新受理的侵害集体经济组织成员权益纠纷案件双方均未上诉，达到服判息诉的良好效果。

编写人：广东省恩平市人民法院　郝登荣　陈胜妹

5

外嫁女土地合法权益的保护

——罗某等诉某村委会、某经济合作社侵害集体经济组织成员权益案

【案件基本信息】

1. 裁判书字号

广东省肇庆市中级人民法院（2019）粤12民终1531号民事判决书

2. 案由：侵害集体经济组织成员权益纠纷

3. 当事人

原告（上诉人）：罗某、吴甲、吴乙、吴丙

被告（被上诉人）：某经济合作社

被告：某村委会

【基本案情】

原告罗某是某村委会的成员，其户籍地住址是：某村43号。原告罗某与案外人吴某于2002年12月5日登记结婚，婚后生育三个女儿吴甲、吴乙、吴丙。原告罗某婚后于2003年7月31日从其父亲罗某泉户分立出来，独立成户，其户内成员包括原告吴甲、吴乙、吴丙。2007年，某村委会对其成员承包的责任田进行了调整，在该次调整前，原告罗某有0.4亩责任田。调整后，某村委会将原告罗某父亲罗某泉户中属于原告罗某的0.4亩调整给其弟弟，而原告罗某名下没有登记的责任田。某村委会现没有预留的未承包经营的田地，也没有空余（机动）的宅基地。2011年2月13日，被告某经济合作社作出《某村村民协议书》，内容："现经本村全体村民讨论一致决定，同意按以下条件分配分红：女出嫁后，无论迁不迁户口一律不给……2011年2月13日定（某经济合

作社盖章）各村民签名……”某村委会于2014年、2017年对其成员进行了分红，但两次分红都没有分给四原告。四原告向案外人某镇人民政府申请确认其农村集体经济组织成员资格、请求享有村集体分红、要求返还1.4亩承包地，案外人某镇人民政府作出行政决定书，确认四原告具有某村村民小组成员资格并决定由某村村民小组向四原告支付自2011年至本决定作出之日七年的集体分红款1120元。四原告认为二被告以原告罗某已经出嫁为由剥夺其在原村的合法权益是违反法律规定的，要求撤销集体分红协议、归还责任田、发放分红款以及赔礼道歉等。某村委会认为其非适格被告，某村委会不同意四原告的全部诉讼请求且认为本案非法院受理范围。

【案件焦点】

1. 本案是否属于人民法院受理的范围；2. 某村委会是否适格；3. 某村委会作出不予分红给四原告的决议是否违法及是否应分红给四原告；4. 某村委会是否收回原告方的责任田及是否应该归还；5. 四原告请求赔礼道歉、精神损失费、误工费是否有依据。

【法院裁判要旨】

广东省广宁县人民法院经审理认为：本案是侵害集体经济组织成员权益纠纷，争议焦点及具体分析如下：

焦点一：本案是否是人民法院受理的范围？根据《中华人民共和国物权法》第六十三条第二款的规定，村民权益受到集体侵犯时，村民成员可以直接向人民法院提起民事诉讼。又依据《最高人民法院研究室关于人民法院对农村集体经济所得收益分配纠纷是否受理问题的答复》的指导意见，对于村民因补偿费用的分配问题发生纠纷的，明确规定属于平等主体之间的民事纠纷，且原告罗某、吴甲、吴乙、吴丙的集体经济成员资格已通过行政途径予以确认，原告就集体福利待遇提起的民事诉讼，属于人民法院受理民事诉讼的范围。本案中涉及的责任田的问题，根据《中华人民共和国农村土地承包法》第五十一条的规定，因土地承包经营发生纠纷的，当事人可以直接向人民法院起诉。综上，本案关于农村集体经济所得收益分配及土地承包经营发生的纠纷属于人民法院受理民事诉讼的范围。被告某经济合作社认为其与原告方并非平等的法律关系，而是管理与被管理的关系，本案并非法院受理范围的抗辩意见依据不足，本院不予采纳。关于原告方申请确认被告某经济合作社不同意其申请宅基地的不作为违法的问题，本院认为民法只调整平等主体之间的财产关系和人身关系，故民事诉讼所解决的纠纷应当是平等主体之间的纠纷。而本案中，被告某经济合作社与原告方在宅基地指标分配过程中所产生的纠纷并不是平等主体之间的纠纷，因原告方系被告某经济合作社的成员，原告方受其支配，即在该方面双方存在的是管理与被管理的关系，且根据最新修改的《民事案件案由规定》，未将宅基地分配纠纷作为民事案由，即将该类似纠纷排斥在民事诉讼救济途径之外，因此，原告申请确认被告某经济合作社不同意其申请宅基地的不作为违法的请求不属于人民法院受理的民事诉讼范围，原告的该主张本院依法不予审查。

焦点二：被告某村委会是否适格？首先，根据本院查明的事实，本案原告所诉称的“不予参与集体分红的决议”是由被告某经济合作社作出的，并非被告某村委会，且根据《中华人民共和国村民委员会组织法》第八条的规定，村民委员会应当尊重并支持集体经济组织依法独立进行经济活动的自主权，被告某村民委员会无权处置其下辖的经济合作社的资产，且没有证据证实该村民委员会有直接参与被告某经济合作社的经济活动，因此，被告某村委会不是本案适格主体。被告某村委会认为其不是本案适格原告的抗辩意见依据充分，本院予以采纳。原告向被告某村委会主张权利的依据不足，本院不予支持。

焦点三：被告某经济合作社作出不予分红给原告方的决议是否违法及是否分红给原告方？2018 年 1 月 12 日，某镇人民政府作出行政决定书，认定原告罗某、吴甲、吴乙、吴丙具备集体经济组织成员资格，被告某经济合作社在知道或者应当知道该行政决定书后，并未向上一级人民政府申请行政复议也未向法院起诉诉讼，该行政决定书已发生法律效力，即原告罗某依法享有与其他成员平等的包括集体收益分配权在内的民事权利。被告某经济合作社以原告罗某为外嫁女为由不给予其分配集体收益，该行为损害了原告罗某应当享有的集体收益分配权，即该不予分红给原告罗某的决议侵害了其合法权益。原告方请求被告某经济合作社支付12800元分红款，根据《中华人民共和国妇女权益保障法》第三十二条的规定，妇女在农村土地承包经营、集体经济组织收益分配、土地征收或者征用补偿费使用以及宅基地使用等方面，享有与男子平等的权利。原告吴甲、吴乙、吴丙同样作为该合作社的成员，依法享有与其他成员同样的权益，原告方的该主张依据充分，但据本院查明的事实，被告某经济合作社仅于2014年按每人口200元的标准及2017年按每人口400元的标准进行了分红，即原告方应得的分红款为4人×（200+400）元/人=2400元。被告认为原告罗某嫁到了外省，从未参与村民的事务亦对村民的生产从未尽过应尽的义务，原告没资格领取集体利益分配款，该抗辩理由依据不足，本院不予采纳。

焦点四：被告某经济合作社是否收回原告方的责任田及是否归还？据本院查明的事实，被告某经济合作社于2007年对其成员承包的责任田进行了调整，在该次调整前，原告罗某有0.4亩责任田。调整后，被告某经济合作社将原告罗某原有的0.4亩调整给其弟弟。被告某经济合作社擅自将原属于原告罗某的责任田调整给其弟弟，根据《中华人民共和国农村土地承包法》第六条、第二十七条的规定，被告的该行为侵害了原告罗某的合法权益。原告请求被告某经济合作社归还1.4亩责任田，于法有据，但据本案查明的事实，该合作社现没有预留的未承包经营的田地，归还责任田在现客观事实上是不能实现的，因此，原告的该请求本院不予支持。

焦点五：原告请求赔礼道歉、精神损失费、误工费是否有依据？原告要求被告某经济合作社赔礼道歉，并赔偿精神损失费4万元，本院认为根据《最高人民法院关于确定民事侵权精神损害赔偿责任若干问题的解释》第一条的规定，自然人因人格权利、权益遭受非法侵害才能提起精神损害赔偿，本案中原告方的诉求并非人格权利、权益的范畴，因此，原告的该请求理由不充分，本院不予支持。原告主张误工费1.8万元，原告没有提供证据证实其因本案的纠纷存在误工的事实及具体误工的损失，根据《中华人民共和国民事诉讼法》第六十四条和《最高人民法院关于民事诉讼证据的若干规定》第二条的规定，原告应承担举证不能的责任，因此，原告该请求依据不足，本院不予支持。

广东省广宁县人民法院依照《中华人民共和国民法总则》第二条，《中华人民共和国物权法》第六十三条第二款，《中华人民共和国农村土地承包法》第六条、第二十七条、第五十一条，《中华人民共和国妇女权益保障法》第三十二条，《中华人民共和国村民委员会组织法》第八条，《中华人民共和国民事诉讼法》第六十四条第一款、第一百四十四条，《最高人民法院关于确定民事侵权精神损害赔偿责任若干问题的解释》第一条和《最高人民法院关于民事诉讼证据的若干规定》第二条规定，判决如下：

一、被告某经济合作社应在本判决发生法律效力之日起十五日内支付分红款 2400 元给原告罗某、吴甲、吴乙、吴丙；

二、驳回原告罗某、吴甲、吴乙、吴丙的其他诉讼请求。

四原告不服原审判决，提起上诉。广东省肇庆市中级人民法院经审理认为：本案是侵害集体经济组织成员权益纠纷，争议焦点为：某经济合作社应否向罗某等四人归还 1.4 亩责任田。

罗某等四人具有某经济合作社成员资格已经户籍地人民政府予以行政确认，根据《中华人民共和国农村土地承包法》第六条“农村土地承包，妇女与男子享有平等的权利。承包中应当保护妇女的合法权益，任何组织和个人不得剥夺、侵害妇女应当享有的土地承包经营权”的规定，罗某等四人作为某经济合作社的成员，所享有的土地承包经营权应得到保护，某经济合作社把原属罗某的责任田调整给其弟弟的行为侵犯了罗某的社员权益，本该予以退还，但鉴于罗某未能提供充分证据证实某经济合作社曾收回其 1.4 亩责任田，且某经济合作社现没有预留未发包的责任田及责任田尚未重新分配的现状，罗某等四人请求归还 1.4 亩责任田在客观上无法实现，可待某经济合作社重新调整土地承包经营权时，再向某经济合作社主张权利。故一审法院驳回罗某的该项请求并无明显不当，罗某等四人主张某经济合作社归还 1.4 亩承包地的依据不足，本院不予采纳。原审法院认定事实清楚，程序合法，适用法律正确，实体处理恰当，本院依法予以维持。罗某等四人的上诉请求理据不足，本院依法予以驳回。

广东省肇庆市中级人民法院依照《中华人民共和国民事诉讼法》第一百七十条第一款第一项规定，判决：

驳回上诉，维持原判。

【法官后语】

近年来外嫁女的主要诉求集中为：1. 要求享有土地承包经营权；2. 要求享有土地征收或征用款分配。故本案是外嫁女权益保护方面的典型案例。

根据《中华人民共和国妇女权益保障法》第三十二条的规定，妇女在农村土地承包经营、集体经济组织收益分配、土地征收或者征用补偿费使用以及宅基地使用等方面，享有与男子平等的权利。本案中，四原告作为该合作社的成员，依法享有与其他成员同样的权益。被告二以原告罗某为外嫁女为由不给予其分配集体收益，该行为损害了原告罗某应当享有的集体收益分配权，即该不予分红给原告罗某的决议侵害了其合法权益。法院依法判决被告二支付分红款2400元给四原告，一定程度上维护了外嫁女的合法权益。但对于被告二擅自将原属于原告罗某的责任田调整给其弟弟的问题，虽然根据《中华人民共和国农村土地承包法》第六条、第二十七条的规定，被告二的上述行为侵害了原告罗某的合法权益，本应归还，但因该合作社现没有预留的未承包经营的田地，归还责任田在现客观事实上是不能实现的，因此，原告请求被告某经济合作社归还1.4亩责任田的诉求法院没有支持。

综上，笔者认为，在当前我国农村经济社会快速发展过程中，亟须高度重视外嫁女土地权益问题产生的原因、解决措施等相关问题的研究，加快出台有利于推动该类问题解决的办法，同时应加强对村民自治组织（包括村委会、经济合作社、村民小组等）的管理，制定具体的管理制度，从源头上预防和阻止侵害外嫁女权益的事件发生。而法院作为司法公正的最后一道防线，更应该加强土地承包经营权、侵害集体组织成员权益等方面的研究和提升，以事实为依据，以法律为准绳，公平公正审理案件，作出合法合理裁判。

编写人：广东省广宁县人民法院　邵美霞

6

妇女离婚后并不必然丧失集体经济组织成员资格

——王某芬诉某社区居委会、某社区居委会第六小组侵害集体经济组织成员权益案

【案件基本信息】

1. 裁判书字号

云南省昆明市中级人民法院（2019）云 01 民终 9616 号民事判决书

2. 案由：侵害集体经济组织成员权益纠纷

3. 当事人

原告（被上诉人）：王某芬

被告（上诉人）：某社区居委会、某社区居委会第六居民小组

【基本案情】

王某芬与某社区居委会第六小组居民李某于 2015 年 9 月 9 日登记结婚，同年 10 月 16 日因农村居民夫妻投靠事由将户口迁入某社区居委会第六小组。2016 年 7 月 28 日，李某起诉离婚，双方经法院调解离婚。因政府征地某社区居委会第六小组人均分配征地款 191162 元，2016 年 12 月 19 日，某社区居委会通过以户名为王某芬的储蓄存单一张存储了 191162 元，该存单由某社区居委会持有并保管，但其以王某芬已离婚为由拒绝向王某芬支付征地补偿款。

【案件焦点】

1. 王某芬在案涉款项分配时是否具有某社区居委会第六小组集体经济组织

成员资格；2. 某社区居委会对案涉补偿款的分配是否合法有效；3. 王某芬取得案涉补偿款是否违反社会公序良俗原则。

【法院裁判要旨】

云南省昆明市呈贡区人民法院经审理认为：集体所有的土地依照法律规定属于村民集体所有，土地补偿款是对集体经济组织成员永久性丧失土地的一种补偿，土地补偿款的分配权基于集体经济组织成员的身份而产生，某社区居委会、某社区居委会第六小组自认李某户属于2016年6月1日以前已享受村组织的福利待遇和征地补偿款的某社区全体农转城居民户，王某芬属于居规民约第二十二条认定的具备该社区集体经济组织成员资格的情况，某社区居委会仅以某社区居委会第六小组居民集体讨论决定不同意分配为由予以抗辩无事实及法律依据，某社区居委会应对王某芬承担返还土地补偿款191162元的责任。

云南省昆明市呈贡区人民法院依照《中华人民共和国民法通则》第九条、《中华人民共和国村民委员会组织法》第二十七条、《最高人民法院关于审理涉及农村土地承包纠纷案件适用法律问题的解释》第二十四条、《中华人民共和国民事诉讼法》第一百一十八条规定，判决如下：

由某社区居委会于本判决生效后十五日内向王某芬支付土地补偿款191162元。

某社区居委会、某社区居委会第六小组不服一审判决，提起上诉。云南省昆明市中级人民法院经审理认为：关于王某芬在案涉款项分配时是否具有集体经济组织成员资格，应当结合案涉补偿款分配时的居规民约来认定。王某芬因与某社区居委会第六小组的成员结婚，于2015年10月16日将户口落入某社区居委会第六小组。根据2016年8月1日正式执行的《某街道办事处某社区居规民约》第二十二条第三项，某社区居委会经济组织成员包括某社区居委会经济组织成员与外村（外地）正常结婚迁入落户的配偶（非农的除外）。该居规民约没有违反法律、行政法规的强制性规定，也不违反公序良俗，合法有效。根据2016年分配案涉补偿款时的该居规民约，王某芬在案涉款项分配时具有某社区居委会第六小组集体经济组织成员资格，其获得补偿款具有合法依据。

关于某社区居委会对案涉补偿款的分配是否合法有效。2016年12月，某社区居委会对土地补偿款的分配处理程序合法，按照“六组现有人口314人，人均分配191162元”的分配方案及案涉土地补偿款分配人口的认定时间为2016年12月15日之前落户至某社区居委会第六小组的规定，王某芬取得案涉土地补偿款符合村民自治决定的分配方案及分配条件。

关于王某芬取得案涉补偿款是否违反社会公序良俗原则。结婚自由与离婚自由是婚姻关系当事人不可剥夺的法定权利。王某芬与某社区居委会第六小组居民李某系自愿登记结婚，李某起诉王某芬离婚后，双方经法院调解离婚是行使其婚姻自由权利，并不违反社会公序良俗。婚姻关系存续期间长短与婚姻伦理道德无必然联系。某社区居委会及某社区居委会第六小组不能举证证实王某芬在婚姻关系存续期间有违反社会公序良俗及婚姻伦理道德的行为。案涉土地补偿款分配是发生在李某与王某芬离婚之后，无法推定王某芬基于获取经济利益而实施离婚行为。因此，某社区居委会及某社区居委会第六小组主张取消王某芬对案涉土地补偿款分配资格的意见依据不足。《某街道办事处某社区居规民约》于2019年修订后，王某芬在2019年之后是否具有集体经济组织成员资格的争议对案涉土地补偿款的分配没有实质影响，不属于本案审理范围。

云南省昆明市中级人民法院根据《中华人民共和国民事诉讼法》第六十四条第一款、第一百七十条第一款第一项规定，判决如下：

驳回上诉，维持原判。

【法官后语】

在征地补偿款分配中，如何认定农村离异妇女的集体经济组织成员资格是司法实务中较为复杂的问题。我国广大农村的生产生活一般以家庭为载体，农村离异妇女的个体权益与农村的传统民俗、习惯常常产生矛盾冲突，部分村民将妇女的权益视为婚姻的附属权益，认为“因结婚而取得，因离婚而丧失”，认为离异妇女就应当丧失集体经济组织成员资格。本案中，王某芬因为婚姻而取得某社区居委会的集体经济组织成员资格，但其在离婚后仍然具有该集体经济组织所在地常住户口、在该地租房居住、没有其他固定的生活来源，符合该集体经济组织成员资格的认定条件。案涉征地补偿款已经由居委会分配至王某芬名下，居民小组却以民主决议为由认为分配无效。人民法院在审理该类案件时应当正确衡量法律法规、村（居）规民约、村（居）民决议的效力等级。

首先，集体经济组织成员资格确认不能违反法律法规的相关规定。《中华人民共和国妇女权益保障法》第三十二条明确规定：妇女在农村土地承包经营、集体经济组织收益分配、土地征收或者征用补偿费使用以及宅基地使用等方面，享有与男子平等的权利。妇女离婚并不必然导致其丧失在农村集体经济组织中的各项权益。因此，妇女在集体经济组织中的权益是其个人的独立权益，并不是基于婚姻的附属权益，离异妇女不因离异而丧失集体经济组织成员资格。

其次，村（居）规民约在不违反法律法规的前提下可作为认定集体经济组织成员资格的依据。案涉居规民约规定，某居委会经济组织成员包括某居委会经济组织成员与外村（外地）正常结婚迁入落户的配偶（非农的除外）。该居规民约没有违反法律、行政法规的强制性规定，也不违反公序良俗，合法有效。根据该居规民约，王某芬在案涉款项分配时具有某社区居委会第六小组集体经济组织成员资格，王某芬获得补偿款具有合法依据。

最后，虽然集体经济组织实行民主管理，但村（居）民的民主决议仍然应当符合法律法规及村（居）规民约的规定，村民不能以民主决议的形式剥夺或损害他人的合法权益。结婚自由与离婚自由是婚姻关系当事人不可剥夺的法定权利。王某芬与某社区居委会第六小组居民李某系自愿登记结婚，李某起诉王某芬离婚后，双方经法院调解离婚是行使其婚姻自由权利，并不违反社会公序良俗。婚姻关系存续期间长短与婚姻道德伦理无必然联系。某社区居委会不能举证证实王某芬在婚姻关系存续期间有违反社会公序良俗及婚姻道德伦理的行为。案涉土地补偿款分配是发生在李某与王某芬离婚之后，无法推定王某芬基于获取经济利益而实施离婚行为。因此，某居委会主张取消王某芬对案涉土地补偿款分配资格的民主决议并无充分的道德伦理基础，其效力不足以否定村（居）规民约，不能成为人民法院裁判的依据。

土地不仅是农民最基本的生产资料，还承载着生活保障、代际传承等社会功能，因此，法院裁判该类案件时不能简单地就案办案，而是应在法律允许的范围内综合考量案件的社会影响及其对今后类似纠纷的范例作用，从法律制度、立法精神、社会伦理层面全面衡量司法判决的法律效果与社会效果。

编写人：云南省昆明市中级人民法院　张霞

7

妇女等特殊主体的集体经济组织成员资格的认定

——王某诉某村四组侵害集体经济组织成员权益案

【案件基本信息】

1. 裁判书字号

陕西省洛南县人民法院（2019）陕1021民初1729号民事判决书

2. 案由：侵害集体经济组织成员权益纠纷

3. 当事人

原告：王某

被告：某村四组

【基本案情】

王某自出生起户口登记一直在某村四组，系某村四组集体经济组织的成员。王某在该组有责任田并取得农村土地承包经营权证，成年后平时在外打工，其间与人形成过恋爱关系但是未登记结婚。2014年1月1日，某村四组就征地补偿分配问题召开大会，会议决定："截至2014年1月1日晚，户口一律不准迁入，结了婚的妇女户口没有转的一律不参加分钱。"后某村四组部分土地被征收。2014年9月，该组每人分得土地补偿款32600元，未给王某分配。后王某多次主张权利，经村委会及镇政府调解委员会调解未果。

【案件焦点】

1. 某村四组就征地补偿分配问题召开村民会议形成的决议内容是否合法、有效；2. 王某是否具备某村四组的集体经济组织成员资格，能否依法分得土地补偿款。

【法院裁判要旨】

陕西省洛南县人民法院经审理认为：在农村集体经济组织所在地具有长期、固定的生产生活，依法登记为常住户口，或符合法律法规规定的其他情形的，具有农村集体经济组织成员资格。王某出生后户口登记在某村四组，成年后虽在外打工，但户籍并未迁出，在某村四组的承包土地还在，其仍然属于某村四组的成员。且王某虽达结婚年龄，曾离开该村与他人共同生活，但并未将户口迁出，其集体经济组织成员资格并未被取消，因此，按照相关法律规定，王某仍然是某村四组的集体经济组织成员，应当享有与其他成员平等的待遇。某村四组召开村民会议作出的关于已婚妇女户口没有转的一律不参加分配的决定不能对抗法律规定，该决定无效。因此，王某要求某村四组给其分配土地补偿款32600元，应予以支持。

陕西省洛南县人民法院依据《中华人民共和国民法通则》第五条，《中华人民共和国物权法》第五十九条，《中华人民共和国妇女权益保障法》第三十二条、第三十三条，《最高人民法院关于审理涉及农村土地承包纠纷案件适用法律问题的解释》第一条第一款、第二十四条规定，判决如下：

由某村四组在本判决生效之日起十日内给付王某土地补偿费32600元。

【法官后语】

农村集体经济组织成员一般是指在集体经济组织所在地生产生活，且依法登记常住户籍并与农村集体经济组织形成权利义务关系的人。妇女（包括已婚、离婚妇女）和男子同等享有集体经济组织权益，判断是否具备集体经济组织成员资格，要根据国家法律和相关政策等因素综合判断，不能通过成年、已婚、外嫁、离婚等标准简单区分。集体经济组织用外嫁女等标准拒绝妇女等特殊群体参与分配集体红利，应认定为侵害集体经济组织成员权益。

一、基层群众自治组织的民主决议不得与法律法规相冲突

目前我国农村集体经济组织成员资格的取得和丧失缺乏统一、明确的判断标准。实践中，村委会通过民主程序召开村民会议、村民代表会议等作出决议，对本集体经济组织外出务工、学习、服兵役、服刑、养子女及外嫁女、离异返家妇女等人员排除其分配集体组织红利资格的情形时有发生。《中华人民共和国村民委员会组织法》第二十七条第二款规定："村民自治章程、村规民约以及村民会议或者村民代表会议的决定不得与宪法、法律、法规和国家的政策相抵触，不得有侵犯村民的人身权利、民主权利和合法财产权利的内容。"据此，农村集体经济组织可以按照法律规定的民主议定程序，决定在本集体经济组织内部分配已经收到的土地补偿费等，但民主讨论决定的事项，不得与法律法规和国家的政策相抵触，不能剥夺村民平等参与收益分配的权利。

本案中，某村四组直接以村民会议决议"外嫁女不参与分配"，显然与相关法律法规相悖，其未让王某参与本村组土地征收补偿分配，侵害了王某的集体经济组织成员权益，况且王某还不属于其所称"外嫁女"。

二、农村集体经济组织成员资格的认定

（一）集体经济组织成员资格认定的一般规则

农村集体经济组织成员资格的认定应当以是否在农村集体经济组织所在地生产、生活和依法登记为农村集体经济组织所在地常住户口为基本判断标准，结合考虑农村集体土地对其所具有的基本生活保障功能。前者为形式要件，后者为实质要件。判断公民是否具备集体经济组织资格，一般应当结合形式要件和实质要件，并结合考虑农村富余劳动力向城市转移的大趋势等各种因素，进行综合分析判断。

本案中，王某因出生取得某村四组的集体经济组织成员资格，也不存在丧失该资格的情形，应当认定其具备某村四组成员资格。村民会议决议不让其参与土地补偿款分配，显然不当。

（二）司法实践中特殊主体的集体经济组织成员资格的认定

1. 外出经商、务工、学习、服兵役等人员的资格认定。

在审判实践中，对于外出经商、务工、学习、服兵役等人员的集体经济组织成员资格认定，应结合其是否以原集体经济组织农村土地为基本生活保障，对照资格取得和丧失条件确定；无法确定是否丧失成员资格的，原则上应予保留。对于基于婚姻、收养关系流动的人员原则上应以实际生产、生活所在地集体经济组织成员资格予以认定。对于空挂户、回乡退养人员等未与集体经济组织之间形成较为固定的延续性联系，不以农村土地作为基本生活保障的人员，可将其成员资格予以排除。

2. 妇女的集体经济组织成员资格认定。

外出务工妇女是指出生在集体经济组织所在地，形成较为固定的生产、生活关系的女性，即使成年外出打工，但以农村土地为基本生活保障的，也具有集体经济组织成员资格。

“婚嫁人员”，主要包括出嫁外村的女性、嫁入本村的女性、离婚及丧偶妇女、上门入赘女婿等。此类人员成员资格的认定除了参照户籍、实际权利义务关系和以土地为基本生存保障的因素，还应根据平等及权利义务相一致原则，考虑该成员是否具有集体经济组织成员资格。既不能让其权益“无处安放”，也要避免“两头占”。

对集体经济组织成员资格认定应以保障其基本生活权为基础，不应简单以其身份认定丧失集体经济组织成员资格。具体情形为：(1) 妇女婚后非自身原因未迁转户口并在户籍所在地生产生活，且未享受男方所在村组收益分配权的，其依法应享有户籍所在地的集体经济组织成员同等收益分配权。(2) 已婚妇女户口仍在原集体经济组织，承包地亦未收回，但本人或者与其配偶均外出务工，并未在男方所在村组有较为固定的生产、生活，应认定具有原集体经济组织成员资格。(3) 离婚、丧偶妇女及其所生子女仍在户籍所在地生产生活或虽未在户籍所在地生产生活但未享受新居住地集体经济组织收益分配权的，依法享有原户籍所在地集体经济组织成员资格。(4) 已婚农村集体经济组织男性成员，在女方所在集体经济组织所在地生产生活，在女方家庭尽主要赡养义务的，享有女方所在地集体经济组织成员同等的收益分配权。

应充分认识集体经济组织成员资格对农民享有基本财产权利的重要意义，审慎处理尊重村民自治和保护农民基本财产权利的关系，防止简单地以村民自治为由剥夺村民的基本财产权利。

编写人：陕西省洛南县人民法院　洪先梅

二、土地承包经营权纠纷

（一）土地承包经营权确认纠纷

8

土地承包经营制度主体的承包经营“户”的认定

——张某飞诉张某重、甲村村委会土地承包经营权案

【案件基本信息】

1. 裁判书字号

河南省安阳市中级人民法院（2020）豫05民终2570号民事判决书

2. 案由：土地承包经营权纠纷

3. 当事人

原告（上诉人）：张某飞

被告（被上诉人）：张某重、甲村村委会

【基本案情】

张某飞父亲张某喜与张某重系亲兄弟，张某飞与其爷爷张某明、奶奶程某丽原系同一户籍，同属甲村村民，张某明、程某丽先后于1994年、2000年亡故。甲村村委会与张某重于1998年9月10日签订《安阳县农村土地承包合同

书》，承包土地经营期限自1998年9月10日至2028年9月10日，该土地承包经营权证书载明承包户主张某重，人口7人，耕地5块计7.65亩，甲村调整土地时，按照人均1.1亩（实际为1.25亩）承包土地。2017年4月25日，甲村村委会与张某重重新签订《农村土地（耕地）承包合同》，该土地承包经营权证载明承包期限30年，自1998年6月10日至2028年6月9日，承包方户主张某重，家庭成员为张某重、李某连、张某三人6块地计9.4亩。张某飞于2014年自甲村迁出户籍至乙村，但在迁入地未取得承包土地。张某飞向法院起诉要求：1. 确认甲村村委会和张某重于1998年9月10日签订的《安阳县农村土地承包合同书》中涉及张某飞家庭承包地（合同中记载3.3亩、实际发包为3.75亩）无效；2. 确认甲村村委会和张某重于2017年4月25日签订的《农村土地（耕地）承包合同》中涉及张某飞家庭承包地（3.75亩）无效；3. 甲村村委会、张某重限期返还合同中涉及张某飞家庭实际承包的3.75亩土地。

【案件焦点】

1. 涉案土地承包合同是否有效；2. 张某飞返还承包土地的请求是否有依据。

【法院裁判要旨】

河南省安阳县人民法院经审理认为：农村家庭土地承包是以户为单位的家庭承包经营，本案争议土地承包性质也属此类。张某飞原系甲村村委会村民，与其爷爷张某明、奶奶程某丽在1993年甲村调整土地时为同一户籍成员，1998年甲村村委会与张某重签订的《安阳县农村土地承包合同书》中载明承包户主张某重，人口7人、耕地5块计7.65亩，其中包含张某飞及其爷爷、奶奶3人的承包土地，该土地承包合同中显示，张某飞与张某重属同一承包户，公安机关户籍登记中的“户”不必然等同于土地承包中的“户”，土地承包中的“户”，应当以土地承包合同记载为准，故张某飞主张其与爷爷奶奶属独立的承包户，证据不足，但张某飞在迁出甲村户籍到新居住地并未实际取得土地，对张某飞应保留其原来承包的土地份额，故2017年土地承包合同中没有显示张某飞的份额不当，侵害了张某飞承包土地的权利，违反《中华人民共和国农村土地承包法》的强制性规定，符合《中华人民共和国合同法》第五十二条规定的无效情形，故张某飞诉请确认甲村村委会和张某重签订的2017年承包合同涉及张某飞承包地部分无效。甲村土地承包时按照人均1.1亩（实际为1.25亩），当事人均未持异议，故张某重实际耕种张某飞的1.25亩应当返还张某飞耕种。张某飞诉讼中明确表示要求返还土地是西沟地和船地，考虑到土地面积，张某重应返还张某飞西沟土地1.25亩。

河南省安阳县人民法院依照《中华人民共和国农村土地承包法》第五条、第六条、第九条、第十四条、第十五条、第二十七条，《中华人民共和国合同法》第五十二条，《中华人民共和国民事诉讼法》第六十四条、第一百四十四条规定，判决如下：

一、甲村村委会和张某重于1998年9月10日签订的《安阳县农村土地承包合同书》有效；

二、甲村村委会和张某重于2017年4月25日签订的《农村土地（耕地）承包合同》中涉及张某飞承包土地无效；

三、张某重于2020年小麦收取之后返还张某飞农村承包的西沟土地1.25亩（从北至道路往南丈量耕地1.25亩）；

四、驳回张某飞其他诉讼请求。

张某飞不服一审判决，提出上诉。河南省安阳市中级人民法院经审理认为：《中华人民共和国农村土地承包法》第十六条规定："家庭承包的承包方是本集体经济组织的农户……"1998年9月10日以张某重为农户成员代表与甲村村委会签订的农村土地承包合同系双方当事人真实意思表示，且不违反法律行政法规的强制性规定，为有效合同。该合同的签订双方为包括张某重、张某飞在内的人组成的农户和甲村村委会，且张某重与张某飞均认可该合同中包含张某飞的土地份额1.25亩。2017年4月25日以张某重为农户成员代表与甲村村委会签订的农村土地承包合同，系在1998年合同的基础上为完善农村土地承包登记而签订，因该份合同及配套登记证书的农户成员中并未包含张某飞，且《中华人民共和国农村土地承包法》第三十一条规定："承包期内，妇女结婚，在新居住地未取得承包地的，发包方不得收回其原承包地……”而张某飞在新居住地乙村并未分得承包地，故 2017 年 4 月 25 日的农村土地承包合同因违反法律规定而部分无效。张某重作为土地的耕种人应将属于张某飞的土地份额 1.25 亩返还张某飞。综上，张某飞的上诉请求因理由与证据均不足，本院不予支持。原审判决处理结果正确，应予维持。

河南省安阳市中级人民法院依照《中华人民共和国民事诉讼法》第一百七十条第一款第一项规定，判决如下：

驳回上诉，维持原判。

【法官后语】

本案的审理涉及两个问题。一是外嫁女土地承包权益的保护，二是农村土地承包经营户的认定。

一、外嫁女在新居住地未取得承包地的，仍享有在原居住地的承包土地权益

土地是农民最基本的生产要素，土地权利更是农民最重要的财产权利。在我国一些农村地区，由于长期受传统观念影响，对所谓外嫁女产生歧视，不给予其相应的土地份额，侵害外嫁女的合法土地权益。在实践中，外嫁女经常面临以下两难困境：一是外嫁女从一个集体经济组织加入另一个集体经济组织后，往往会遭遇承包土地被强行收回的情况；二是嫁入的新居住地集体经济组织将外嫁女当作“外来”妇女也不会给其分配土地。这样外嫁女就被剥夺了应当享有的土地权益。《中华人民共和国土地承包法》第六条明确规定：“农村土地承包，妇女与男子享有平等的权利。承包中应当保护妇女的合法权益，任何组织和个人不得剥夺、侵害妇女应当享有的土地承包经营权。”第三十一条更是明确规定：“承包期内，妇女结婚，在新居住地未取得承包地的，发包方不得收回其原承包地……”避免了外嫁女陷入两难困境。除了土地承包经营权，包括宅地基使用权、基于土地权利产生的财产性权益，如征收补偿款分配权、集体收益分配权等在内的其他外嫁女的合法土地权益，《中华人民共和国土地承包法》《中华人民共和国妇女权益保障法》等都明确予以保护，并赋予权益受侵

害的妇女请求救济的权利，包括向人民法院申请撤销侵害妇女承包权益的村民自治章程、村规民约及村民会议或者村民代表会议决定的权利，为保护外嫁女的合法土地权益提供了充分的法律保障。

二、土地承包经营中的“户”应当以土地承包合同记载为准

农村土地承包经营户是农村集体经济组织成员按照承包合同规定从事土地经营的主体单位，是针对我国土地制度所采取的一种特殊经营主体制度。该制度建立的理由是：我国的土地所有权制度是“二元制”，集体作为土地的所有权者，实际上是代表国家拥有土地。集体所有不等于集体成员所有，集体并不是由全体成员为社员（或股东）出资成立的法人，集体成员无法通过决议解散集体，也无权通过决议分配集体的土地。故任何一个成员迁出集体，无论是进城工作还是出嫁，都不得要求分割集体土地。以“户”为单位而不是以个人为单位的土地承包方式，一方面可以减少土地的纠纷，另一方面可以保持集体土地的稳定。同时，《中华人民共和国土地承包法》《中华人民共和国民法典》物权编都规定了农村土地承包经营的登记制度，故作为我国土地承包经营主体制度中的“户”，应该以土地承包合同及其土地承包经营证书上载明的为准。而我国公安机关户籍登记中的“户”是基于我国的户籍管理制度形成的概念，我国户籍管理制度的主要功能有两个：一是通过对公民基本情况的登记管理，确认公民的民事权利能力和民事行为能力，证明公民的身份；二是通过户籍登记，为政府制定经济社会发展规划、实施包括治安管理在内的各项行政管理提供人口数据及相关基础性材料。公安机关户籍登记中的户口登记以户为单位，同主管人共同居住一处的立为一户，以主管人为户主。因此，公安机关户籍登记中的“户”并不必然成为我国农村土地承包制度中的主体。

三、本案中张某飞只能要求返还其个人享有的承包地份额

本案中，原告张某飞除主张要求被告张某重返还自己的1.25亩承包土地外，还要求张某重返还其祖父母的2.5亩土地。理由是其与祖父母三人为同一家庭户籍成员，张某飞与张某重并非同一户籍家庭成员，两个不同户籍家庭应分别取得本家庭承包地，而且张某飞虽然同意交由张某重代耕其土地，但未书

面通知村委会收回承包地，更未同意调整转让于张某重。但是事实上，从 1998 年签订的承包合同及相对应张某重的土地承包证书可以看出，张某重的承包合同及土地承包证书上载明的承包土地包含张某飞及其祖父母的承包土地，也就是说张某飞及其祖父母与张某重属于同一农村土地承包经营户，故张某飞主张其与祖父母属于独立的承包户证据不足，张某飞要求张某重返还其祖父母承包土地的请求不应予以支持。张某飞的上述主张，实质是将公安机关户籍登记中的“户”与土地承包中的“户”相混淆，是对我国农村土地承包经营主体制度的错误理解。

编写人：河南省安阳县人民法院　李非

9

“一地多包”情形下土地承包经营权归属的认定

——王某全诉王某忠、某村委会返还原物案

【案件基本信息】

1. 裁判书字号

山东省威海市中级人民法院（2020）鲁 10 民终 3376 号民事判决书

2. 案由：返还原物纠纷

3. 当事人

原告（被上诉人）：王某全

被告（上诉人）：某村委会

被告：王某忠

【基本案情】

王某全、王某忠均系某村村民。1990 年前后，某村委会组织其村民以户为

单位通过抓阄形式来统一分配村里土地，王某全家庭户抓阄32号，村委按抓阄序号分给王某全家庭户四人口粮地，分别为：碑前1.88亩、七眼井南1.076亩、北河1.22亩、大北埢1.044亩。王某全家庭户耕种涉案北河土地至1997年年底。1998年该村原书记王某波以王某全两名子女考学将户口从本村迁出为由将分给王某全家庭户口粮地中的七眼井南1.076亩、北河1.22亩土地收回，另行发包给他人。经询问，涉案土地被收回时是否存在撂荒或弃耕情形，某村委会称不存在上述情形，但称系王某全自愿将涉案土地交回村委，但王某全对此并不认可，称系某村委会强制收回，经询问某村委会主张原告自愿交回涉案土地，王某全是否向某村委会写过书面交回承包地申请书，某村委会称原告没有写过书面申请。

某村委会出具的证明“兹有我村村民王某忠北河土地是在2003年叫庄叫的地，每年向村里交土地承包费，2005年以后村里所有人种的土地再没有收钱”。涉案土地现由王某忠耕种，涉案土地并不在王某忠家庭户土地承包经营权证登记范围内。

2015年8月30日某市人民政府向王某全发放了中华人民共和国农村土地承包经营权证，其载明“发包方某村委会，承包方代表王某全，承包地块总数4块，包括碑前1.88亩、七眼井南1.076亩、北河1.22亩、大北埢1.044亩，承包期限1999年1月1日至2028年12月31日”，涉案土地即对应的土地承包经营权证中记载的北河1.22亩。另王某全家庭户情况：其本人、其妻、其子、其女。其女及其子户口现已迁出。

【案件焦点】

已依法登记的承包方是否有权请求已事实承包同一土地的相对方返还该土地。

【法院裁判要旨】

山东省乳山市人民法院经审理认为：王某全为证实其主张，向本院提交了1990年前后该村委以该村家庭户为单位的抓阄分地记账册并加盖了村委公章，村委对原告提交的该证据没有异议，并认可王某全陈述的分地过程及原告家庭户分得土地的具体位置及亩数。王某全家庭户与村委之间的涉案土地承包合同关系成立，其家庭户自 1990 年前后即抓阄分地结束时即取得对应的涉案土地合同项下的权利。

某村委会认为王某全 1998 年自愿将涉案土地交回，但王某全对此并不予认可。《中华人民共和国农村土地承包法》第二十七条规定，承包期内，发包方不得收回承包地。第二十八条规定，承包期内，发包方不得调整承包地。第三十条规定，承包期内，承包方可以自愿将承包地交回发包方。承包方自愿交回承包地的，可以获得合理补偿，但应当提前半年以书面形式通知发包方。现发包方没有证据证明承包方系自愿交回承包地，根据《最高人民法院关于适用〈中华人民共和国民事诉讼法〉的解释》第九十条规定，在作出判决前，当事人未能提供证据或者证据不足以证明其事实主张的，由负有举证证明责任的当事人承担不利的后果。

2015 年 8 月 30 日某市人民政府向王某全发放了中华人民共和国农村土地承包经营权证，该经营权证中亦明确载明了王某全承包土地的具体方位及亩数。

已经依法登记的承包方取得对应土地的承包经营权，承包方有权基于物权人的地位请求返还承包地，无论该承包地是否与他人另行建立了承包关系。

山东省乳山市人民法院依照《中华人民共和国物权法》第一百二十七条，《中华人民共和国侵权责任法》第六条、第十五条，《中华人民共和国农村土地承包法》第十一条、第二十七条、第二十八条、第三十条，《最高人民法院关于审理农村土地承包纠纷案件适用法律问题的解释》第六条、第二十条，《最高人民法院关于适用〈中华人民共和国民事诉讼法〉的解释》第九十条规定，判决如下：

一、被告王某忠需在 2020 年秋涉案土地农作物收获完毕后将登记在原告王某全家庭户名下位于北河 1.22 亩土地（具体四至以王某全家庭户土地承包经营权证记载的为准）返还给原告王某全；

二、被告某村委会于判决生效后十日内给付原告王某全北河 1.22 亩土地失地期间损失 2684 元；

三、驳回原告王某全其他诉讼请求。

某村委会不服一审判决，提出上诉。山东省威海市中级人民法院经审理认为：某村委会对王某全陈述的分地过程及王某全家庭户分得土地的具体位置及亩数并无异议，结合 2015 年 8 月 30 日某市人民政府向王某全发放的农村土地承包经营权证，能够证实王某全对涉案土地享有承包经营权，故王某全有权基于物权请求权要求返还承包地。基于此，驳回上诉人该项诉讼请求。

山东省威海市中级人民法院依照《中华人民共和国民事诉讼法》第一百七十条第一款第一项规定，判决如下：

驳回上诉，维持原判。

【法官后语】

妥善处理农村土地承包经营纠纷需要谨慎对待"一地多包"的情形。

《中华人民共和国农村土地承包法》第二十三条规定，承包合同自成立之日起生效。承包方自承包合同生效时取得土地承包经营权。由以上规定可以看出，土地承包经营权的取得，是在承包经营合同生效之时，而承包经营合同成立即生效，没有任何诸如登记等形式要件的要求。

《中华人民共和国农村土地承包法》第二十四条第一款规定，国家对耕地、林地和草地等实行统一登记，登记机构应当向承包方颁发土地承包经营权证或者林权证等证书，并登记造册，确认土地承包经营权。登记，就是按照《中华人民共和国农村土地承包法》的规定进行登记确认的行为。土地承包经营权确定是一种物权，这种物权是通过承包合同加以确立的。按照民法的一般理论认为，物权是权利人直接支配物，并享受其利益的排他性权利。物权按照性质不同，分为自物权和他物权。自物权是指权利人对自己财产享有的权利，也就是所有权。他物权是指在他人所有的物上设定的物权，他物权是对他人财产的权利，由于他物权的内容是占有、使用、收益或者处分某一方面对物的支配，故也是物权的形式。

由此，土地承包经营权是指承包方在农民集体所有或者国家所有由农民集体使用的土地上进行承包经营，并获得收益的权利，享有所有权以外的使用、收益和部分处分权，因此属于不动产他物权。

另结合上述两款规定，我们可以看出登记机构向承包方颁发土地承包经营权证或者林权证等证书并登记造册，实质上是对承包方已经获得的土地承包经营权予以颁发证书和确认权利。我国不动产物权变动通常采用的“登记要件主义”的原则，以登记作为土地承包经营权有效取得的必要条件。我国农村土地承包经营权的取得和变动方式，属于我国不动产物权变动实行“登记要件主义”的原则的例外。

本案中，王某全提交了1990年前后某村委会以该村家庭户为单位的抓阄分地记账册并加盖了某村委会公章，某村委会对王某全陈述的分地过程及王某全家庭户分得土地的具体位置及亩数并无异议，结合2015年8月30日某市人民政府向王某全发放的中华人民共和国农村土地承包经营权证，能够证实王某全对涉案土地享有承包经营权。

已经依法登记的承包方取得对应土地承包经营权，承包方有权基于物权人的地位请求返还承包地，无论该承包地是否与他人另行建立了承包关系。

本案中，就涉案土地，存在两个承包关系，一是某村委会与王某全先建立的土地承包合同关系，二是某村委会与王某忠后建立的事实承包合同关系。即事实上形成发包方就同一块土地签订了两个承包合同的局面。发包方就同一块土地签订了两个以上承包合同，承包方均主张取得土地承包经营权的，已经依法登记的承包方取得土地承包经营权。由于王某全已取得主管部门颁发的土地承包经营权证书即土地证，故原告有权基于物权请求权要求返还承包地。

编写人：山东省乳山市人民法院　袁菁

（二）承包地征收补偿费用分配纠纷

10

外嫁女集体经济组织成员资格认定标准

——俞某童诉某村民组、某社区居委会承包地征收补偿费用分配案

【案件基本信息】

1. 裁判书字号

安徽省霍山县人民法院（2020）皖1525民初835号民事判决书

2. 案由：承包地征收补偿费用分配纠纷

3. 当事人

原告：俞某童

被告：某村民组、某社区居委会

【基本案情】

俞某童出生地为某村民组，其户口登记在该村民组，为居民家庭户，常住人口为其父母俞某金、储某菊，俞某童及其妹妹俞某某。2011年12月27日，俞某童与霍山县另一村的叶某坤登记结婚，2019年7月29日，在霍山县民政局登记离婚，在此期间，俞某童户籍未迁出某村民组。《农村土地承包经营权证》记载俞某金作为家庭承包方代表，承包某村民组1.21亩土地，俞某童为承包方家庭成员，承包期限为1995年8月1日至2025年8月1日。2019年，某村民组的部分上地被征收并获得征地补偿款，某村民组按人口分配土地补偿款，每人17100元，俞某童分得60%即10260元（未领取）。

【案件焦点】

俞某童是否具有本集体经济组织成员资格，是否有权分配承包地征收补偿费用。

【法院裁判要旨】

安徽省霍山县人民法院经审理认为：依据法律规定，征地补偿方案确定时已经具有本集体经济组织成员资格的人，请求支付相应份额的，应予支持。是否具有本集体经济组织成员资格，应综合考虑当事人生产生活状况、户口登记状况以及农村土地对其基本生活保障功能等因素予以认定。俞某童户籍地至今仍在某村民组，且系土地承包方家庭成员，为承包期内的经营权共有人，其虽于 2011 年 12 月外嫁其他乡镇，但其又于 2019 年 7 月离婚后回到户籍地，且户口自始至终没有迁出某村民组，另外，亦无证据证明俞某童在嫁入地分配有土地和享有嫁入地的集体经济组织成员资格，因此，俞某童应享有与某村民组其他成员同等的权利。故对俞某童要求某村民组给付少分配的土地补偿款 6840 元的诉讼请求，予以支持。某社区居委会作为某村民组的主管部门，仅对村民组的征地补偿款履行监督管理之责，并未对该征地补偿款占有、使用、分配，不应承担付款的责任，故对俞某童要求某社区居委会承担共同给付责任的诉讼请求，不予支持。

安徽省霍山县人民法院依照《中华人民共和国农村土地承包法》第五条、《最高人民法院关于审理涉及农村土地承包纠纷案件适用法律问题的解释》第二十四条、《中华人民共和国民事诉讼法》第一百四十四条、《最高人民法院关于适用〈中华人民共和国民事诉讼法〉的解释》第九十条规定，判决如下：

一、某村民组于本判决生效之日起五日内给付俞某童少支付的土地补偿款 6840 元；

二、驳回俞某童要求某社区居委会承担共同给付责任的诉讼请求；

三、驳回俞某童的其他诉讼请求。

【法官后语】

农村外嫁女的基本权益保护，涉及承包地征收补偿费用分配中集体经济组织成员资格的确定。

一、关于外嫁女集体经济组织成员资格认定的观点分歧

法院在处理此类案件时存在三种观点：第一种观点认为，外嫁女是否有权分配征地补偿款，首先应确认外嫁女是否具有农村集体经济组织成员资格，这是能否获得征地补偿款的前提，而集体经济组织成员资格的确认，不属于人民法院民事案件的受理范围，故裁定驳回当事人的起诉；第二种观点认为，外嫁女是否有权分配征地补偿款，应属村民自治的范畴，由集体经济组织成员按照村规民约自行决定，且外嫁女是否具有农村集体经济组织成员资格应由相关行政部门予以确认；第三种观点即本案的裁判观点，外嫁女是否具有本集体经济组织成员资格，应综合考虑当事人生产生活状况、户口登记状况以及农村土地对其基本生活保障功能等因素予以认定。

第一种观点违背了相关法律规定，没有法律依据。首先，根据《中华人民共和国民事诉讼法》第一百一十九条的规定，只要起诉满足四个条件即原告是与本案有直接利害关系的公民、法人和其他组织，有明确的被告，有具体的诉讼请求和事实、理由，属于人民法院受理民事诉讼的范围和受诉人民法院管辖，人民法院就要立案受理。其次，《最高人民法院关于审理涉及农村土地承包纠纷案件适用法律问题的解释》第一条规定："下列涉及农村土地承包民事纠纷，人民法院应当依法受理……（四）承包地征收补偿费用分配纠纷……"及第二十四条规定："农村集体经济组织或者村民委员会、村民小组，可以依照法律规定的民主议定程序，决定在本集体经济组织内部分配已经收到的土地补偿费。征地补偿安置方案确定时已经具有本集体经济组织成员资格的人，请求支付相应份额的，应予支持……"故第一种观点在我院的司法审判中已被抛弃。

第二种观点也不成立。根据最高人民法院的裁判观点①，当事人是否认定为农村集体经济组织内部成员系人民法院在审理承包地征地补偿款分配民事案件中需要确认的事实，不应也无需由行政机关先行对其具有集体经济组织成员资格进行确认。同时，根据现行法律法规的规定，对于村民是否具有本集体经济组织成员资格的认定，不属于街道办及其他行政机关的职责范围，更不属于通过单独提起行政诉讼由人民法院进行审查的事项。集体经济组织成员权是法定权利，对其认定问题不属于村民自治范畴。

第三种观点是司法实践中的主流态度。

二、认定外嫁女集体经济组织成员资格应考察的主要内容

《中华人民共和国农村土地承包法》第六条规定："农村土地承包，妇女与男子享有平等的权利。承包中应当保护妇女的合法权益，任何组织和个人不得剥夺、侵害妇女应当享有的土地承包经营权。"在认定外嫁女是否具有原集体经济组织成员资格时，主要考虑以下内容：

首先，外嫁女是否将其户籍转到嫁入地，是否取得嫁入地的承包地，是否在嫁入地取得土地承包经营权及土地征收补偿费用等。根据《中华人民共和国农村土地承包法》第三十一条规定，"承包期内，妇女结婚，在新居住地未取得承包地的，发包方不得收回其原承包地；妇女离婚或丧偶，仍在原居住地生活或者不在原居住地生活但在新居住地未取得承包地的，发包方不得收回其原承包地"。

其次，外嫁女是否进城落户纳入公务员体系或者在公司企业工作纳入职工社会保障体系，满足此种情形，可考虑外嫁女已基本获得了相应的社会保障，脱离了对原集体经济组织即农村土地的依赖，农村承包地不再是保障其生活的基本需求，认定其已经丧失了原集体经济组织成员资格。

最后，对于空挂户、寄挂户、自理口粮户、购房迁入或外来务工人员落户等，其不在农村生产生活、不依赖于农村土地保障，而是基于某种利益驱动或

---

① 最高人民法院（2020）最高法行申4278号行政裁定书，载中国裁判文书网，https：//wenshu.court.gov.cn/website/wenshu/181107ANFZ0BXSK4/index.html？docId = 0d85f0ca347341c2a436ac5600d0571f，2022年2月10日访问。

其他原因，将户口挂在本集体经济组织，对此类人员不应认定具有本集体经济组织成员资格。

三、关于居民委员会承担责任方式的认定

本案同时涉及居民委员会的责任承担问题。居民委员会、村民委员会具有基层群众性自治组织法人资格，可以从事为履行职能所需要的民事活动。未设立集体经济组织的，村委会可以依法代行集体经济组织的职能；居委会的主要职责是管理社区的卫生、物业、计生等自治性事项，为社区成员提供便民服务，开展教育和监督等。根据《中华人民共和国农村土地承包法》第十三条规定，“农民集体所有的土地依法属于村农民集体所有的，由村集体经济组织或者村民委员会发包；已经分别属于村内两个以上农村集体经济组织的农民集体所有的，由村内各该农村集体经济组织或者村民小组发包。村集体经济组织或者村民委员会发包的，不得改变村内各集体经济组织农民集体所有的土地的所有权”。根据《中华人民共和国农村土地承包法》第八条规定，村民委员会应当尊重并支持集体经济组织依法独立进行经济活动的自主权，维护以家庭承包经营为基础、统分结合的双层经营体制，保障集体经济组织和村民、承包经营户、联户或者合伙的合法财产权和其他合法权益。从中可以看出，村内农村集体经济组织或者村民小组可以成为土地发包主体，在土地被征收后对于土地征收补偿费有权依法进行分配。本案中的某村民组为独立的集体经济组织，某社区居委会作为某村民组的主管部门，不是土地承包合同的相对方，未参与土地征收补偿费的分配，也未对征地补偿费进行占有、使用，仅对某村民组的分配行为履行监督管理之责，故不应承担责任。

对于承包地征收补偿费分配纠纷处理，应当对当事人是否在当地长期固定生产、生活，户籍，是否能够获得其他替代性基本生活保障以及村规民约的相关规定等因素综合考量，在认定是否具备集体经济组织成员资格的基础上，充分保护外嫁女在农村土地承包经营、集体经济组织收益分配、土地征收或者征用补偿费使用以及宅基地使用等方面的合法权益，有效维护农村社会稳定。

编写人：安徽省霍山县人民法院　余家胜

11

外嫁女参与承包地征收补偿费用分配的前提条件

——王某友诉某村委会、某村十一组承包地征收补偿费用分配案

【案件基本信息】

1. 裁判书字号

湖北省大冶市人民法院（2018）鄂 0281 民初 5877 号民事判决书

2. 案由：承包地征收补偿费用分配纠纷

3. 当事人

原告：王某友

被告：某村委会、某村十一组

【基本案情】

王某友承包经营户属于某村十一组，王某友的女儿王某清于 1985 年 5 月 11 日出生后即登记为某村十一组农民，在某村十一组有承包土地，并于 2006 年 7 月 19 日取得农村土地承包经营权证书，享受某村十一组村民的各种惠农政策。王某清于 2005 年 7 月 1 日与其他村二十二组村民舒某和结婚，婚后育有一子一女；王某清在该组未分配承包地。2012 年 9 月 16 日，某村十一组村民召开村民代表大会制定了该组山场面积征收款分配方案，方案确定：1. 在造分配表以前出嫁、死亡者，不参与分配；2. 按当年实有人口分配；3. 非农业人口分配为山场 80%、山地 100%。2013 年 8 月，某村十一组组织该组村民对征地补偿款进行分配，其中农业人口 143 人，按人均 14633.19 元标准发放。此次分配时某村十一组以王某清已婚为由不予分配。王某友多次向政府部门反映未果。现王某友承包经营户以某村十一组的行为侵害了王某清合法权益为由提起诉讼。

【案件焦点】

外嫁女能否获得承包地征收补偿费用。

【法院裁判要旨】

湖北省大冶市人民法院经审理认为：王某友的女儿王某清应否分得补偿给某村十一组承包地征收补偿费用的条件是，王某清是否取得某村十一组集体经济组织成员资格。王某清出生后其户籍即登记在某村十一组且取得承包地，享受同村组村民同等的各种惠农政策及承包地征收补偿费用，王某清自出生后即具有某村十一组集体经济组织成员资格。依据《最高人民法院关于审理涉及农村土地承包纠纷案件适用法律问题的解释》第二十四条的规定，征地补偿安置方案确定时已经具有本集体经济组织成员资格的人，请求支付相应份额的，应予支持。对于王某友承包经营户的土地征收补偿款的分配问题，虽然经某村十一组村民代表大会讨论决定，这一行为从形式上看符合《中华人民共和国村民委员会组织法》的相关规定，但实质上，会议决定违背平等原则，侵犯了王某友承包经营户与其他村民平等享受补偿款的权利，违反了任何组织或者个人不能以任何形式侵犯公民合法权益的基本法律规定，村民小组的合法财产收益是全体村民的共同财产，在分配共同财产时应当由全体村民平等分配，故其会议决定于法无据。王某清虽然系外嫁女，但其户籍一直在某村十一组，王某清也因户口未迁到其丈夫户籍所在地而未在其丈夫户籍所在地分配承包地，而且王某清至今仍生活在农村，故王某清在 2012 年某村十一组制定征地补偿分配方案时具有该组成员资格，依法应当享有征地补偿款的分配权利。

湖北省大冶市人民法院依照《最高人民法院关于审理涉及农村土地承包纠纷案件适用法律问题的解释》第一条第一款第四项、第二十四条规定，判决如下：

一、某村十一组于本判决生效后十日内向王某友承包经营户支付土地征收补偿款 14633.19 元；

二、驳回王某友承包经营户的其他诉讼请求。

【法官后语】

近年来，农村土地承包户在收到承包地征收补偿费后，承包户中的家庭成员为补偿费的分配引发纠纷提起诉讼呈现增长趋势，此类案件中，尤以外嫁女起诉要求分配补偿费的案件居多。外嫁女是否属于征地补偿费分配的权利主体或是否具有分配的资格，以及如何把握分配的标准，目前的法律及司法解释均未作出明确的界定，是困扰司法实践的难点问题，由于各地法院的观点和适用的标准不同，导致裁判结果不一。现结合本案分析外嫁女享有征地补偿费分配权利的前提条件。

具有村民资格是享有征地补偿费分配权的前提条件。法律对征地补偿费的分配对象及其归属的规定是明确的。《中华人民共和国土地管理法实施条例》（2014 年修订）第二十六条第一款规定："土地补偿费归农村集体经济组织所有；地上附着物及青苗补偿费归地上附着物及青苗的所有者所有。"在征收土地过程中，地上附着物和青苗补偿费的权属主体是明确的，通常都支付给了所有权人，而土地补偿费和安置补助费的权利主体并不明确，故通常都是给集体经济组织，实际生活中，引起纠纷的通常是土地补偿费和安置补助费的分配问题。《中华人民共和国土地承包法》第三十一条规定："承包期内，妇女结婚，在新居住地未取得承包地的，发包方不得收回其原承包地……"《最高人民法院关于审理涉及农村土地承包纠纷案件适用法律问题的解释》第二十四条（2020 年修订后对应第二十二条）规定："农村集体经济组织或者村民委员会、村民小组，可以依照法律规定的民主议定程序，决定在本集体经济组织内部分配已经收到的土地补偿费。征地补偿安置方案确定时已经具有本集体经济组织成员资格的人，请求支付相应份额的，应予支持……"农村集体经济组织是由农村集体经济组织成员组成的经济组织形式。农村集体经济组织在进行土地补偿费和安置补助费的分配中，集体经济组织成员，即具有村民资格的人员是享有土地补偿费和安置补助费分配权利的主体，村民资格决定了哪些人可以分配土地补偿费和安置补助费。因此，外嫁女是否属于分配的权利主体是由其是否具有村民资格这一条件决定的，外嫁女只有具有某村集体经济组织的村民资格，才能享有分配承包地征收补偿费的权利。从上述法律规定可看出，农村妇女即使出嫁，只要户口未迁出且在新居住地没有获得承包地的，仍对原有的承包地享受土地承包经营权，一旦遇到征地可以获得相应的征收土地的补偿费用。综上，外嫁女取得征地补偿费用必须满足三个条件，一是户口仍然属于原集体经济组织，二是出嫁以后在其他村集体经济组织没有享受到新的土地权益，三是未获得其他社会保障，仍然依赖于原承包地作为基本生活的保障。

目前，在法律层面体现了注重对妇女土地承包经营权的保护。农村在确定各个农户应承包的土地面积时，或者未将妇女计入农户的人口之中，或者对妇女确定低于男子的土地分配份额，将损害妇女、儿童的利益。就本案而言，王某清基于出生原始取得某村十一组集体经济组织成员资格，并已享受了村民权益，婚后未取得新的土地承包权益或其他生活保障。依据《最高人民法院关于审理涉及农村土地承包纠纷案件适用法律问题的解释》规定，征地补偿安置方案确定时已经具有本集体经济组织成员资格的人，有权请求支付相应份额。某村十一组以其在分配补偿方案确定时已经出嫁为由拒绝为其发放土地补偿费，该决定因违反法律规定而不具有效力。

编写人：湖北省大冶市人民法院　熊振

12

迁出户口并在夫家承包土地的外嫁女不享有原承包地征地补偿费

——肖某翠诉肖某周承包地征收补偿费用分配案

【案件基本信息】

1. 裁判书字号

云南省昭通市中级人民法院（2019）云06民终2148号民事判决书

2. 案由：承包地征收补偿费用分配纠纷

3. 当事人

原告（上诉人）：肖某翠

被告（被上诉人）：肖某周

【基本案情】

肖某周、肖某翠系兄妹关系，第一轮土地承包到户时，肖某翠在甲社承包有土地。肖某翠与尹某兵结婚后，将户口从甲社迁入乙社，为尹某兵户的家庭成员。2016 年，某水库建设，肖某周获得征地补偿费 61992.96 元。2018 年，肖某周办理了农村土地承包经营权证，该证书内载明的家庭成员没有肖某翠。

【案件焦点】

肖某翠是否有权主张分得涉案征收补偿款。

【法院裁判要旨】

云南省鲁甸县人民法院经审理认为：土地承包经营权与财产所有权有本质的区别，土地承包经营权常常因身份的改变、户籍的迁出迁入发生变化。肖某翠在第一轮土地承包时承包有土地，不表示其永远享有该土地的承包经营权。肖某翠在某水库建设征收土地时，户口已迁出，成为尹某兵家庭户的家庭成员，根据《中华人民共和国农村土地承包法》第五条第一款“农村集体经济组织成员有权依法承包由本集体经济组织发包的农村土地”的规定，肖某翠不再是甲社的成员，不能再继续承包原承包的土地。对于肖某周获得的征地补偿费，根据《中华人民共和国民法总则》第五十五条“农村集体经济组织的成员，依法取得农村土地承包经营权，从事家庭承包经营的，为农村承包经营户”的规定，征地补偿费属家庭户享有。肖某翠没有提交证据证实其属于肖某周的家庭成员，应承担举证不能的法律后果。肖某翠主张按份分割土地补偿款的诉求没有证据，不予支持。

云南省鲁甸县人民法院依照《中华人民共和国民法总则》第一百一十三

条、第五十五条，《中华人民共和国农村土地承包法》第五条第一款和《中华人民共和国民事诉讼法》第六十四条规定，判决如下：

驳回肖某翠的诉讼请求。

肖某翠不服一审判决，提起上诉。云南省昭通市中级人民法院经审理认为：承包农村集体经济组织土地的前提是须具有本集体经济组织成员资格，而肖某翠提供身份证及常住人口登记卡证明某水库建设征收土地时，其户口不属于原村民小组，与肖某周也不属于同一家庭成员，肖某翠与乙社的尹某兵系同一户家庭成员，且肖某周提供的农村土地承包经营权证书内载明的承包方家庭成员中没有肖某翠，肖某翠提供的某水库建设占用土地补偿资金兑付花名册中也没有肖某翠的名字，加之，肖某周提供的土地使用权信息登记表又能证明肖某翠在乙社尹某兵户承包了土地的事实，原审基于案涉土地被征收时，肖某翠既不属于甲社的集体经济组织成员，也不是肖某周的家庭成员，从而认定肖某翠不是案涉土地的承包经营权人，从而对肖某翠主张的土地补偿款不予支持于法有据，肖某翠上诉认为肖某周冒领了其土地补偿款15498.2元构成不当得利，应予返还的理由无据，不予支持。原判认定事实清楚，适用法律正确。

云南省昭通市中级人民法院依照《中华人民共和国民事诉讼法》第一百七十条第一款第一项规定，判决如下：

驳回上诉，维持原判。

【法官后语】

本案争议焦点是农村外嫁女已经迁出户口，并在夫家所在村民小组分得土地，原户籍地集体经济组织又明确消除外嫁女集体经济组织成员资格，未收回原承包土地的情况下，外嫁女是否可以获得征地补偿费。

《中华人民共和国农村土地承包法》第三十条（2018年修订后，对应第三十一条）规定：承包期内，妇女结婚，在新居住地未取得承包地的，发包方不得收回其原承包地；妇女离婚或者丧偶，仍在原居住地生活或者不在原居住地生活但在新居住地未取得承包地的，发包方不得收回其原承包地。只要外嫁女外嫁但没有迁户籍或者户籍还在并被认定为集体成员，就应该享有安置补偿款的相应份额，外嫁后没有迁户籍，且在新居住地未取得承包地的，其在娘家的原有承包地依然是她的合法所有，任何人不能收回。但本案恰好不能适用该规定，原因是原告已经迁户至夫家，并且在夫家所在集体经济组织以户为单位承包到了土地，故而其在原集体经济组织中的成员资格已经丧失。从法律上讲，只要户口迁出了，就不再拥有原娘家村的村民资格了，所以也就不能再享有娘家征地补偿分配资格，而只能要求享有婆家征地补偿费的分配权。同时，原告已在其他集体经济组织分到承包土地，其权益已经得到保障，不能因为原集体经济组织没有收回其原承包土地便简单认定其享有承包土地征地补偿费。

农村的土地归集体所有，因此土地征收补偿费属于集体经济组织的收入，按法律规定是要分配给集体的所有成员的，判断是否有分配资格的鉴别标准是户籍，因此有没有外嫁不是限制条件，也就是说，只要户口没有迁出，那么所有人享受的权利是平等的，是享有征收、拆迁安置补偿款的，而对户口迁出去的外嫁女，视情况而定，对属于丧偶或离婚，将户口又迁回原集体经济组织的，也是具有征收、拆迁安置补偿款的，而对将户口迁入丈夫家，且在成为夫家承包户的一员承包到土地，而又没有丧偶或离婚这个因素时，是没有资格享受征收、拆迁安置补偿款的。

编写人：云南省鲁甸县人民法院　叶丹

13

承包地征收安置补助费用如何分配

——买某诉某村委会、某乡人民政府承包地征收补偿费用分配案

【案件基本信息】

1. 裁判书字号

新疆维吾尔自治区高级人民法院（2021）新民申1196号民事裁定书

2. 案由：承包地征收补偿费用分配纠纷

3. 当事人

原告（上诉人、再审申请人）：买某

被告（被上诉人、再审被申请人）：某村委会、某乡人民政府

【基本案情】

2003 年 4 月，买某与某村委会签订《耕地承包合同书》，约定由买某承包某村委会位于某乡某村南段土地 500 亩，承包期限至 2034 年 12 月，共计 30 年。2003 年至 2006 年期间，买某在所承包的土地内完成了电、水、土地平整等相关设施的建设，并响应国家号召对所承包土地进行绿化，在某县林业局进行备案，列入国家退耕还林绿化项目。2006 年 8 月 10 日，买某与某村委会双方又签订补充协议，将承包期限从 30 年延长到 70 年。2017 年，买某所承包的 121 亩林地被征收，某县房屋征收与补偿管理办公室对被征收的某县行政管辖范围内土地的相关事项按照法律规定和有关标准与征收单位达成协议，按照相关补偿标准林木补偿金（林地补偿费）为 2242390.32 元；林地安置补助费（安置补助费）为 9446347.5 元，总计 11688737.82 元。该补偿款自 2017 年起分批转给某县某乡农村经济管理服务站账户，由某乡人民政府向买某发放了林地补偿金及附属物补偿金共计 2631862.54 元。买某认为应由自己领取被征收的 121 亩林地的安置补助费 3085500 元（121 亩×1500 元×17 倍）。

【案件焦点】

买某是否享有征地安置补偿资格。

【法院裁判要旨】

新疆维吾尔自治区乌鲁木齐县人民法院经审理认为：首先，关于是否应对案涉土地征收补偿费进行分配，依照《最高人民法院关于审理涉及农村土地承包纠纷案件适用法律问题的解释》第二十四条关于农村集体经济组织或者村民委员会、村民小组，可以依照法律规定的民主议定程序，决定在本集体经济组

织内部分配已经收到的土地补偿费的规定，农村集体经济组织虽有收到土地征收补偿费并在集体内部做自主分配的权利，但是其分配的土地征收补偿费，应限于属于集体的份额，并在集体内部由集体成员根据其享有的成员权益参与分配。其次，买某通过招标、拍卖、公开协商等方式承包农村土地与某村委会签订《耕地承包合同书》而取得的土地承包经营权，不属于《中华人民共和国农村土地承包法》所规定的家庭承包，而属于其他形式的土地承包。案涉土地征收补偿费，属于其他方式承包对应产生，承包主体买某就承包合同的签订、履行与案涉土地征收补偿费具有一定关联，在涉案承包地被征收后，买某与某村集体经济组织签订的承包合同部分内容无法继续履行，势必给买某的承包权益带来一定的损害，基于承包合同的签订和履行亦应在土地承包费中相应的增值部分对其给予一定程度的补偿。故发包方某村委会涉案林地（林木）征收补偿费及附属物补偿费全额分配给买某的行为合法有效。最后，关于涉案土地征收补偿分配方法，依据涉案土地征收补偿费发放标准即《关于公布实施自治区征地统一年产值标准的通知》要求，涉案土地补偿系采用综合补偿标准，即由林地补偿费和安置补助费两部分组成（不包含青苗补助费、地上附着物补偿费）。安置补助费，是国家征收集体土地后，安置被征地单位由于征地造成的多余劳动力的补助费用，通过支付安置补助费，保障以土地为主要生产资料和生活资料来源的失地农民的基本生活，因而安置补助费具有很强的人身性和保障性，在征用农村集体土地时，国家应依法以安置补助费的形式对永久失去家庭土地承包经营权的农户给予安置。买某通过招标、拍卖、公开协商等方式承包农村土地而取得的土地承包经营权，不属于《中华人民共和国农村土地承包法》所规定的家庭承包，而属于其他形式的土地承包，以其他方式承包土地的承包人要求独自取得安置补助费的主张不能予以支持。

新疆维吾尔自治区乌鲁木齐县人民法院依照《中华人民共和国农村土地承包法》第四十八条、第四十九条、第五十二条、第五十五条，《中华人民共和国土地管理法》第十一条、第十四条、第十五条、第十六条，《最高人民法院关于审理涉及农村土地承包纠纷案件适用法律问题的解释》第二十四条，《最高人民法院关于适用〈中华人民共和国民事诉讼法〉的解释》第九十条、第九十一条，《中华人民共和国民事诉讼法》第一百一十九条规定，判决如下：

驳回买某的诉讼请求。

买某不服一审判决，提出上诉。新疆维吾尔自治区乌鲁木齐市中级人民法院经审理认为：《最高人民法院关于审理涉及农村土地承包纠纷案件适用法律问题的解释》第二十三条规定，承包地被依法征收，放弃统一安置的家庭承包方，请求发包方给付已经收到的安置补助费的，应予支持。依据该规定，在承包地被依法征收的情况下，只有家庭承包方才拥有安置补助费的请求权。而以其他形式承包土地的非本集体经济组织成员，并不存在因土地被征收而丧失基本生产资料和生活来源的问题。因此，从安置补助费的性质来看，其不应支付给以其他方式承包土地的承包方，而只能给付被征收承包地的家庭承包方或用于作为家庭承包方的农户的安置补偿。买某并非涉案土地所在集体经济组织成员，其系通过招标、拍卖、公开协商等方式取得的土地承包经营权，不属于农村土地承包法规定的以家庭承包方式取得的土地承包经营权，故买某要求向其支付安置补助费的理由无事实及法律依据，不予采纳。综上所述，买某的上诉请求不能成立，应予驳回；一审判决认定事实清楚，适用法律正确，应予维持。

新疆维吾尔自治区乌鲁木齐市中级人民法院依照《中华人民共和国民事诉讼法》第一百七十条第一款第一项规定，判决如下：

驳回上诉，维持原判。

买某不服二审判决，申请再审。再审期间，买某撤回再审申请，新疆维吾尔自治区高级人民法院裁定准许。

【法官后语】

本案争议主要涉及安置补偿费的权利主体资格问题。安置补偿费是承包地征收补偿费的组成部分，关于土地补偿费的内容、标准和补偿对象等，应严格根据法律及当地政策执行。承包地征收补偿费是国家建设需要征用农民集体所有的土地时，用地单位按照被征收土地的原用途依法向被征地所有者和使用者支付的款项。征收耕地的补偿费用包括土地补偿费、安置补助费以及地上附着物和青苗的补偿费。安置补助费是指国家在征用土地时，为了安置以土地为主要生产资料并取得生活来源的农业人口的生活所给予的补助费用。安置补偿费的归属视情况而定：需要安置的人员由农村集体经济组织安置的，安置补助费支付给农村集体经济组织，由农村集体经济组织管理和使用；由其他单位安置的，安置补助费支付给安置单位；不需要统一安置的，安置补助费发放给被安置人员个人，或征得被安置人员同意后用于支付被安置人员的保险费用。

安置补助费的目的在于解决集体经济组织因土地被征收而产生的剩余劳动力的安置问题，具有强烈的人身性，安置补助费只能补助给失去土地的农村集体经济组织和农村集体组织成员或者其他安置单位。非农村集体组织成员不能成为安置补助费的给付对象。在农村土地承包经营期限届满之前，遇有承包地被征收的情形，需要安置的对象一般为承包地被征收的家庭承包方。由农村集体组织安置的人员一般是作为家庭承包方的成员。而其他方式承包的主体，即使承包地被依法征收，由于承包方并非本集体经济组织成员，不存在因土地被征收而丧失基本生产资料和生活来源的问题，其基于承包的土地被征收而发生的损失可以通过给付地上附属物和青苗补偿费的形式得到弥补。因此，安置补偿费从性质上决定了不应支付给其他方式承包的主体，而只能给付被征收土地的家庭承包方或用于作为本农村集体经济组织成员的安置。家庭承包方只有在放弃统一安置的情况下，才能构成安置补助费的请求权主体。

综上，土地被依法征收的情况下，征收土地的安置补助费由作为发包方的农村集体经济组织管理和使用，并用于保障以土地为主要生产资料和生活来源的失地农民的基本生活。

编写人：新疆维吾尔自治区乌鲁木齐县人民法院

赛尔克·努合马尔

14

土地承包经营权互换效力的认定

——路某坡诉某村委会承包地征收补偿费用分配案

【案件基本信息】

1. 裁判书字号

山东省聊城市中级人民法院（2019）鲁15民终1901号民事判决书

2. 案由：承包地征收补偿费用分配纠纷

3. 当事人

原告（被上诉人）：路某坡

被告（被上诉人）：某村委会

第三人（上诉人）：路某成

【基本案情】

路某坡、路某成同系某村村民。2013年9月8日，路某坡与某村委会签订土地承包合同，路某坡家庭承包集体土地包括案涉3.34亩土地，承包期限：1999年10月1日至2029年9月30日止。2010年为方便大棚种植，路某坡以案涉3.34亩土地与路某成经营使用的距村较近的2.3亩土地（含路某成家庭承包土地1.7亩，案外人路某军家庭承包土地0.6亩）交换种植。路某坡、路某成仍按原自己承包土地面积履行交纳水费等义务。2016年4月20日，某县人民政府仍将案涉3.34亩土地确权给路某坡，路某成所承包1.7亩土地确权给路某成。2018年国家高速公路建设征用案涉3.34亩土地中的3.24亩，某村委会将青苗补偿费发放给种地的路某成，于2019年1月21日与路某成就涉案土地签订《高速公路征地协议书》，路某坡向某村委会提出异议，称其对涉案土地依法享有承包经营权，土地补偿费应归其所有，经某村委会调解未果，路某坡起诉。

某村委会称系2018年当选的新一届村委会，对以前的事情不知情，签订合同期间，双方对涉案土地发生争议，才知道这个情况。某村委会集体研究同意高速公路占地土地补偿费归被征地户所有，至于涉案土地的土地补偿费归谁，某村委会不干涉。

【案件焦点】

路某坡、路某成间交换种植土地的行为是否构成互换。

【法院裁判要旨】

山东省茌平县人民法院经审理认为：根据《农村土地承包经营权流转管理办法》《中华人民共和国农村土地承包法》《山东省实施中华人民共和国农村土地承包法办法》相关规定，承包方自承包合同生效时取得土地承包经营权。土地承包经营权采取互换方式流转的，形式要件上，当事人双方应当签订书面合同，并报发包方备案，可以要求办理承包合同和土地承包经营权证变更手续，实质要件上，双方对互换土地原享有的承包权利和承担的义务也相应互换。路某坡、路某成于2010年即交换种植土地，双方形式要件上没有签订书面合同，也未报发包方备案，2013年9月与某村委会签订农村土地承包合同，2016年4月20日确权时，也没有办理承包合同和土地承包经营权证变更手续，实质要件上对原享有的承包权利和承担的义务未进行互换，不符合成立互换的构成要件，且路某坡为3.34亩土地，路某成为2.3亩土地，还包括他人的0.6亩土地，双方互换土地亦与常理不符。综上，本院依法认定路某坡、路某成间仅系交换种植土地，不构成法律上的互换，路某坡依法对案涉3.34亩土地享有土地承包经营权，2019年1月21日，某村村民委员会与路某成就涉案土地签订的《高速公路征地协议书》无效。《中华人民共和国农村土地承包法》第十六条规定：承包方享有下列权利：（一）依法享有承包地使用、收益和土地承包经营权流转的权利，有权自主组织生产经营和处置产品；（二）承包地被依法征用、占用的，有权依法获得相应的补偿；（三）法律、行政法规规定的其他权利。某村委会同意高速公路占地土地补偿费归被征地户所有，路某坡依法对被征用部分的涉案土地的土地补偿费享有所有权。路某坡要求确认案涉 3. 34 亩土地补偿款归其所有的请求应予支持。

山东省茌平县人民法院依照《中华人民共和国农村土地承包法》第十六条、第二十二条，《农村土地承包经营权流转管理办法》第十一条、第十七条、第二十七条、第三十五条第三款，《山东省实施中华人民共和国农村土地承包法办法》第十七条第二款，《中华人民共和国民事诉讼法》第六十四条规定，判决如下：

案涉 3. 34 亩的土地补偿款归路某坡所有。

路某成不服一审判决，提出上诉。山东省聊城市中级人民法院经审理认为：双方之间是互换种植还是互换承包经营权，没有书面合同，双方对此各执一词，形成本案纠纷，在双方都未提交足以证实口头合同具体内容的情况下，一审根据书面承包合同及相应的承包经营权证的记载，依照《中华人民共和国农村土地承包法》《农村土地承包经营权流转管理办法》的规定，认定双方之间属于互换种植，亦符合《中华人民共和国物权法》将土地承包经营权作为一种物权进行保护的相关规定，应当予以维持。双方认可案涉土地经实际丈量被占用面积为 3. 1722 亩，该面积数获得的补偿款 190332 元应归路某坡所有。

山东省聊城市中级人民法院依照《中华人民共和国民事诉讼法》第一百七十条第一款规定，判决如下：

一、变更山东省茌平县人民法院民事判决为：案涉 3. 1722 亩的土地补偿款 190332 元归路某坡所有；

二、驳回路某坡的其他诉讼请求。

【法官后语】

在农村，为了方便耕种及土地经营管理，农户之间在协商自愿的条件下，互换田地进行耕种或互换承包经营权非常普遍，二者都可以满足彼此便利生产生活需求，但在法律性质上有很大区别，前者是指单纯的换地进行耕种，后者是指对土地承包经营权这种用益物权进行互相转让。因近年来征地拆迁补偿问题，类似于本案的纠纷十分常见。对于因互换承包地产生的争议，如何区分认定是互换耕种还是互换土地承包经营权，关键是对于二者基本含义的理解和互换行为成立条件的把握。

一般所称承包地互换是指土地承包经营权的互换，既有互换承包地耕种的表现形式，又有互换土地承包经营权的实质，从这个意义上说，承包地互换是土地经营权利主体发生变更的一种土地经营权流转的方式。《中华人民共和国民法典》第三百三十四条、第三百三十五条，明确赋予土地承包经营权人可以将土地承包经营权互换、转让的权利，同时强调土地承包经营权互换、转让的，当事人可以向登记机构申请登记；未经登记，不得对抗善意第三人。

因此，对于土地承包经营权是否形成互换要从形式和实质上进行审查。实质审查时，要着重审查双方对互换土地的真实意思是仅仅互换耕种，还是同时互换原享有的承包权利和承担的义务。对此，不仅要从双方协议内容的文义分析其真实意思，还需要结合双方互换土地的对等性、权利义务的实际状态等方面综合考量，即从更换的土地面积、位置等方面考量，如果面积不对等则倾向于认定构成了方便生产生活的“互换耕种”，不涉及用益物权的处分；另外，土地承包经营户对土地承担着缴纳水费的义务，土地更换后，如果仍然按互换前的标准承担各自水费，也属于“互换耕种”的表现。另外，结合农村土地承包经营权确权登记内容认定。土地承包经营权证是确定农户对土地享有土地承包经营权的直接证明，在互换后进行土地确权时，如果是按照更换之前的土地进行确权或者申办确权手续的，一般认定土地承包经营权并未发生变动，只是“互换耕种”。但土地承包经营权确权仅是一种物权登记，不具有赋权效力，所以结合前两点审查结论，有相反证据证明土地承包经营权确权有误的，不能作为认定当事人互换关系的依据。

编写人：山东省茌平县人民法院　季秀哲

三、土地承包经营权合同纠纷

15

以其他方式承包的农村土地承包经营权转让时无须取得发包人的同意

——张某诉覃甲等确认合同无效案

【案件基本信息】

1. 裁判书字号

广西壮族自治区高级人民法院（2020）桂民再628号民事判决书

2. 案由：确认合同无效纠纷

3. 当事人

原告（被上诉人、再审被申请人）：张某

被告（上诉人、再审申请人）：覃甲、覃乙

被告（被上诉人、再审被申请人）：苏某、梁某、陶某

第三人：某经济联合社

【基本案情】

2003年2月15日，某经济联合社召开有该经济联合社各村民小组组长及部分群众代表参加的会议，决定将案涉林地（荒地）发包张某、苏某、梁某，签订了《林地使用权转让合同》，对转让标的、期限、价款及支付方式进行了

约定，并按法定程序报呈某镇人民政府、某镇林业工作站备案。合同签订后，张某管理约150亩林地，其余部分由苏某、梁某管理。2009年12月5日，苏某、梁某、张某作为委托人与陶某签订1份《全权委托书》，约定将马蒙山、马埂山、龙胆山约570亩林地委托陶某管理；同日，苏某、梁某、张某与陶某签订1份《林木林地转让协议书》，协议书上张某签名及捺印经鉴定非张某本人。2010年3月16日，苏某、梁某、张某出具1份20万元的《收款收据》给陶某。2012年3月12日，苏某、梁某、张某共同出具《民事起诉状》起诉陶某追讨转让欠款18万元。

2010年1月12日，陶某与覃甲、覃乙签订《林地转让协议书》，约定将上述林地转让给覃甲、覃乙。覃甲、覃乙按照约定进行经营，并雇请某经济联合社部分村民从事管理。

2013年1月13日，张某向某经济联合社交纳“赞助修路费”2万元及“砍首批木公益金”5万元，同年3月5日，张某向某经济联合社交纳2013年3月1日至2023年3月1日的土地承包金3万元。

张某诉称：苏某、梁某、陶某非法转让土地的行为违背了法律的规定，且事后没有取得其追认，侵害了发包方及其合法权益。请求判令苏某、梁某与陶某之间，陶某与覃甲、覃乙之间的《林木林地转让协议书》均无效。

【案件焦点】

1. 案涉两份协议的性质是属于土地承包经营权转让协议还是转包协议；2. 苏某、梁某与陶某及覃甲、覃乙签订案涉转让协议，是否应取得发包方某经济联合社的同意。

【法院裁判要旨】

广西壮族自治区横县人民法院经审理认为：苏某、梁某与陶某，陶某与覃甲、覃乙签订的两份协议的甲方都有将土地承包经营权转让给合同相对方（乙方），并由乙方取代自己与土地发包方即某经济联合社确立权利义务关系的意思表示，故苏某、梁某与陶某，陶某与覃甲、覃乙签订的两份协议的性质为转让合同而非转包合同。根据《中华人民共和国农村土地承包法》第三十七条第一款及《最高人民法院关于审理涉及农村土地承包纠纷案件适用法律若干问题的解释》第十三条的规定，土地承包经营权转让应当经发包人的同意，本案中，苏某、梁某与陶某及陶某与覃甲、覃乙签订转让协议书时，并未将签订合同的事宜告知过某经济联合社，某经济联合社也没有召开过村民会议讨论通过上述两份协议，亦没有收取过陶某、覃甲、覃乙交纳的土地承包金。苏某、梁某与陶某及陶某与覃甲、覃乙签订的转让协议，未取得发包方某经济联合社的同意，不具有法律效力。张某诉称苏某、梁某与陶某及陶某与覃甲、覃乙签订的两份转让协议为无效合同，应予以确认。

广西壮族自治区横县人民法院依据《中华人民共和国民法通则》第六十六条第一款，《中华人民共和国农村土地承包法》第三十七条第一款，《中华人民共和国民事诉讼法》第一百一十九条、第一百四十四条及《最高人民法院关于审理涉及农村土地承包纠纷案件适用法律若干问题的解释》第十三条规定，判决如下：

一、确认苏某、梁某与陶某于 2009 年 12 月 5 日签订的《林木林地转让协议书》无效；

二、确认陶某与覃甲、覃乙于 2010 年 1 月 12 日签订的《林地转让协议书》无效。

覃甲、覃乙不服一审判决，提起上诉。

广西壮族自治区南宁市中级人民法院同意一审法院的裁判意见。

覃甲、覃乙不服二审判决，申请再审。广西壮族自治区高级人民法院经审理认为：本案是其他形式承包，应适用相应的法条进行处理。首先，关于本案的法律适用问题。基于法律适用从旧案原则，除法令另有规定，应适用行为时法；但当适用新法对维护合法权益更为有利的，应适用从新从优原则。《中华人民共和国农村土地承包法》于 2018 年修改，二审判决于 2019 年 5 月 27 日作出，故本案在合同效力方面，应适用《中华人民共和国农村土地承包法》（2018 年修正）的规定。其次，关于本案是转让还是转包关系的问题。转让和转包的区别，应当以原承包方与发包方的关系为准，如原承包方与发包方在该土地上的承包关系即行终止，则为转让；如原承包方与发包方在该土地上的承包关系仍然存续，则为出租（转包）。本案中张某继续缴纳转让款的行为应认定其未终止与某经济联合社的合同，与陶某之间是转包关系，而陶某与覃甲、覃乙之间亦是转包关系。最后，关于案涉两份协议是否有效的问题。原审引用《最高人民法院关于审理涉及农村土地承包纠纷案件适用法律问题的解释》第十三条系针对以家庭方式承包的规定，家庭土地承包经营权关系到农民最基本的生存保障，处理相关纠纷时需要将农用地的农业用途、保持土地承包关系的稳定和长久不变放在首要的位置来考量，但“四荒地”由于为未利用地，不以生产粮食和纯农业为主，不承担社会保障功能，两者的处理是有区别的。具体到本案，第一，张某三人取得承包经营权得到了某经济联合社开会同意，合同亦按法定程序报呈某镇人民政府、某镇林业工作站备案，覃甲、覃乙取得的承包经营权来源符合法律规定。而根据某经济联合社、张某、覃甲、覃乙的陈述，亦可确认某经济联合社曾向覃甲、覃乙追索租金，覃甲、覃乙亦尝试过向某经济联合社委缴纳租金，可推定某经济联合社对案涉承包经营权已经流转是知情的，只是没有书面表示同意，然后各方在合同履行的细节方面仍有分歧，各自所处的立场不同，想法不同而已。某经济联合社多年来未提出异议并向法院请求确认案涉两份协议无效，应视为同意。第二，张某作为转包方，向陶某出具了收到转让款的《收款收据》，说明其知道并同意流转案涉土地经营权，不存在被隐瞒，也不存在苏某、梁某与陶某串通。张某原审认为其收取转让款后已经退出承包，与陶某是转让关系，再审却改口一直由其管理林木，从未退出承包，林木应归其所有，前后陈述不一致，违反诚实信用原则。即使认定本案是转让关系须经发包人同意方合同有效，按《最高人民法院关于审理涉及农村土地承包纠纷案件适用法律问题的解释》第二十一条：“承包方未依法登记取得土地承包经营权证等证书，即以转让、出租、入股、抵押等方式流转土地承包经营权，发包方请求确认该流转无效的，应予支持。但非因承包方原因未登记取得土地承包经营权证等证书的除外”的规定，亦应由发包人向法院起诉要求确认合同无效，张某在合同履行多年后提起诉讼要求确认合同无效，不应予以支持。第三，原审适用《最高人民法院关于审理涉及农村土地承包纠纷案件适用法律问题的解释》第十三条的规定认定本案当事人之间的转让协议因未得到发包方同意均无效并不准确，发包方不同意须有法定理由，覃甲、覃乙就算不是专业农户，其承包林地后也是种植林木，没有改变土地用途，以无证据证实覃甲、覃乙系专业农户即认定发包方具有法定理由，依据不足。

广西壮族自治区高级人民法院依照《中华人民共和国民事诉讼法》第二百零七条第一款、第一百七十条第一款第二项，《最高人民法院关于适用〈中华人民共和国民事诉讼法〉的解释》第四百零七条第二款规定，判决如下：

一、撤销南宁市中级人民法院和横县人民法院民事判决；

二、驳回张某的诉讼请求。

【法官后语】

《中华人民共和国农村土地承包法》第三条第二款规定，农村土地承包采取农村集体经济组织内部的家庭承包方式，不宜采取家庭承包方式的荒山、荒沟、荒丘、荒滩等农村土地，可以采取招标、拍卖、公开协商等方式承包。根据该条规定，农村土地承包经营有两种方式：家庭承包方式和以招标、拍卖、公开协商等其他承包方式。根据《中华人民共和国农村土地承包法》的规定，以其他方式承包的土地经营权具有以下特征：

一是主体具有开放性，不限于农村集体经济组织成员。

二是客体不具备基本社会保障功能。在我国，农村土地特别是耕地具有特殊的地位和作用。基于我国农村人口占全国人口绝大多数的现实情况，"以生存保障为基础，以社会公平的价值理念为目标"来设计、规范农村土地法律制度。承包土地不仅是农民最重要的生产资料，还承担着提供其基本生活保障的任务，一直以来，国家法律和基本政策对土地承包经营权问题甚为审慎、稳妥。现行法律规范则对家庭承包经营权有诸多限制，将农地的流转方式局限于转包、出租、互换、转让以及其他符合有关法律和国家政策的方式，并且限制流转的“意思自治”，转让应经发包方同意，承包人未经发包人同意擅自转包或者转让的无效。相对来说，“四荒”地作为未利用地，尚不具备从事农业生产的条件，不具备基本的社会保障功能。《中华人民共和国农村土地承包法》第五十三条规定，以招标、拍卖、公开协商方式承包农村土地，依法取得土地承包经营权证、林权证等证书的，“可以依法采取出租、入股、抵押或者其他方式流转土地经营权”。《中华人民共和国民法典》第三百四十二条规定，通过招标、拍卖、公开协商等方式承包农村土地，经依法登记取得权属证书的，可以依法采取出租、入股、抵押或者其他方式流转土地经营权。

三是需要付出一定对价。家庭承包形式的土地经营权，是基于集体组织成员身份获得，具有无偿性、公平性、保障性、封闭性等特点。“四荒”地的承包，通过竞价、拍卖或公开协商，缴纳一定承包费从而取得“四荒”地承包经营权。

四是合同内容的自治性。以其他方式承包合同是平等主体之间通过友好协商达成的，是意思自治的结果，合同签订的方式、期限等方面一般没有强制性规定制约，不违反法律、行政法规的规定即可。

五是取得物权需登记。家庭承包方式签订承包合同即取得土地承包经营权，而其他以投标招标等方式取得的土地承包经营权可以依法进行登记取得林权证、土地承包经营权证等证书，也可以不登记，但登记与不登记的土地承包经营权法律后果不同，经登记的可以以出租、转让、抵押、入股或者其他方式进行流转，未经登记的土地承包经营权则不具备这些权利。

在判断土地经营权转让合同的效力上，除合同法上的一般规则外，还应根据土地经营权的特殊性质进行判断。《中华人民共和国农村土地承包法》第三十八条规定：“土地经营权流转应当遵循以下原则：（一）依法、自愿、有偿，任何组织和个人不得强迫或者阻碍土地经营权流转；（二）不得改变土地所有权的性质和土地的农业用途，不得破坏农业综合生产能力和农业生态环境；

（三）流转期限不得超过承包期的剩余期限；（四）受让方须有农业经营能力或者资质；（五）在同等条件下，本集体经济组织成员享有优先权。”在以上五项原则中，依法自愿有偿原则系民事法律行为的通用原则；第五项原则是为了保障本集体成员的利益；第三项流转期限原则是为了保护发包人利益；第二项和第四项原则才是土地经营权流转的专属原则，目的就在于发挥农村土地保障社会稳定、保障粮食安全的基本作用，维护土地承包人的权益。《最高人民法院关于为推进农村改革发展提供司法保障和法律服务的若干意见》的通知也指出：“在审理土地承包经营权流转案件中……对改变土地集体所有性质、改变土地用途、损害农民土地承包权益的流转行为，要依法确认无效。对非法干预土地承包经营权流转的行为，应依法予以纠正……”确认无效的重点在于判断流转行为改变土地性质和用途、损害农民权益。

本案所涉系其他方式的土地承包经营权，而非通常的家庭土地承包经营权。本案中的荒山非耕地，土地经营权进行转让时无须获得发包方的同意。因此，对其合同效力的判断不应适用《最高人民法院关于审理涉及农村土地承包纠纷案件适用法律问题的解释》关于处理家庭承包纠纷案件的第十三条的规定，而应参照《中华人民共和国农村土地承包法》第三十八条、《中华人民共和国民法典》物权编第十一章“土地承包经营权”等规定进行判断。且在《中华人民共和国民法典》施行后，修正后的《最高人民法院关于审理涉及农村土地承包纠纷案件适用法律问题的解释》也删除了原第二十一条第二款的引致规定，这也说明最高人民法院已经不再要求在判断其他方式承包土地经营权流转合同效力时参照适用第十三条的规定。

编写人：广西壮族自治区高级人民法院　赵元松

16

农村土地承包经营权互换合同的效力认定

——王某武诉付某东土地承包经营权案

【案件基本信息】

1. 裁判书字号

湖北省襄阳市中级人民法院（2021）鄂06民终1118号民事判决书

2. 案由：土地承包经营权纠纷

3. 当事人

原告（上诉人）：王某武

被告（被上诉人）：付某东

第三人（被上诉人）：某村委会、范某

【基本案情】

1998年8月24日，甲方某村委会与乙方某村三组签订《山林使用权有偿转让合同书》（以下简称合同书），主要约定由乙方部分村民经有偿转让取得30年（自1998年起至2028年止）的山林使用权。合同书附表载明某村三组村民王某武的承包范围（即涉案山林范围）为：东至过风涯，西至自然流水沟，南至胡庄上学路，北至山脚下。1998年9月14日，某公证处出具《公证书》证明《山林使用权有偿转让合同书》符合相关法律规定。

2011年1月21日，王某武与付某东（非某村村民）签订《山林转换协议》，协议约定经双方协商自愿将某村各自承包的山林进行交换。交换条件如下：王某武把涉案山林全部转让给付某东所有（时间以原合同为准），付某东把某村二组学校后面原黄某坤承包的从学校后到长海，学中交界处的山林

（以原合同为准）转让给王某武所有。任何一方不能违约，任何一方违约向对方付违约金伍仟元整。王某武与付某东在协议双方处签字，某村委会在证明单位处签字并加盖公章。协议签订后，王某武将案涉山林交由付某东经营管理。

【案件焦点】

1. 王某武与付某东签订的《山林转换协议》是否侵犯了集体经济组织成员的优先权；2. 王某武与付某东签订的《山林转换协议》是否有效。

【法院裁判要旨】

湖北省枣阳市人民法院经审理认为：王某武与付某东签订的《山林转换协议》属双方真实意思表示，其内容不违反法律法规强制性规定，属有效合同，合同双方应当按照合同约定履行义务。《中华人民共和国农村土地承包法》第三十七条规定，土地承包经营权采取转包、出租、互换、转让或者其他方式流转，当事人双方应当签订书面合同。采取转让方式流转的，应当经发包方同意；采取转包、出租、互换或者其他方式流转的，应当报发包方备案。第三十八条规定，土地承包经营权采取互换、转让方式流转，当事人要求登记的，应当向县级以上地方人民政府申请登记。未经登记，不得对抗善意第三人。第四十条规定，承包方之间为方便耕种或者各自需要，可以对属于同一集体经济组织的土地承包经营权进行互换。根据以上规定，王某武与付某东双方之间系互换方式的土地流转，其签订了书面合同，经过了发包方某村委会的同意，且双方签订互换协议至今已有十余年，生产、生活相对稳定，双方之间的土地流转不违反法律法规的相关规定，流转方式合理合法，本院予以认可。王某武主张《山林转换协议》违反了《中华人民共和国农村土地承包法》第三十三条第一款第五项“在同等条件下，本集体经济组织成员享有优先权”规定，应确认协议无效的诉讼请求。根据《最高人民法院关于审理涉及农村土地承包纠纷案件适用法律问题的解释》第十一条“土地承包经营权流转中，本集体经济组织成员在流转价款、流转期限等主要内容相同的条件下主张优先权的，应予支持。但下列情形除外：（一）在书面公示的合理期限内未提出优先权主张的；（二）未经书面公示，在本集体经济组织以外的人开始使用承包地两个月内未提出优先权主张的”规定，王某武、付某东双方于2011年1月21日签订《山林转换协议》后，两个月内某村村民未提出主张优先权，故王某武与付某东之间土地流转不违反法律法规强制性规定，合同有效。故王某武的诉讼请求，本院不予支持。

湖北省枣阳市人民法院依据《中华人民共和国民法总则》第一百九十六条，《中华人民共和国农村土地承包法》第三十七条、第三十八条、第四十条，《中华人民共和国民事诉讼法》第六十四条、第一百一十九条，《最高人民法院关于审理涉及农村土地承包纠纷案件适用法律问题的解释》第十一条规定，判决如下：

驳回王某武诉讼请求。

王某武不服一审判决，提起上诉。湖北省襄阳市中级人民法院经审理认为：第一，王某武与付某东于2011年1月21日签订的《山林转换协议》，有某村委会在证明单位处签字并加盖公章，双方也实际履行了协议约定内容，程序上和实体上均符合土地承包法的规定，应当认定双方签订的合同不违反法律法规的强制性规定，合法有效，双方应予谨守。第二，王某武主张《山林转换协议》违反了《中华人民共和国农村土地承包法》第三十三条第一款第五项“在同等条件下，本集体经济组织成员享有优先权”规定，应确认协议无效。经查，优先权行使与否应该由合同之外的其他集体经济组织成员提出主张，王某武就案涉合同而言，其无权主张。第三，相应地，王某武退还山林、赔偿损失的诉讼请求，亦无事实依据，本院不予支持。综上所述，王某武的上诉请求不能成立，应予驳回；一审判决认定事实清楚，适用法律正确，应予维持。

湖北省襄阳市中级人民法院依照《中华人民共和国民事诉讼法》第一百七十条第一款第一项规定，判决如下：

驳回上诉，维持原判。

【法官后语】

家庭联产承包责任制实施以来，有些地方因农户承包地块过于分散，部分农户为了方便耕种等签订互换协议对承包地块进行互换，这种现象长期存在且较为普遍。但随着国家社会经济的发展和基础设施建设的需要，部分承包地块的地理优势凸显，存在被征用的可能，面临大额征用补偿款的发放问题。在这样的背景下，土地互换所引起的土地承包经营权纠纷不断显现。类似本案中以侵犯本集体经济组织成员的优先权为由要求确认互换协议无效继而返还原承包地块的纠纷是人民法院受理的土地承包经营权纠纷中较为常见的类型。那么如何理解本集体经济组织成员的优先权呢？

法律赋予本集体经济组织以优先权的目的在于维护集体经济组织成员的权利，充分发挥农村土地的社会保障功能。根据《中华人民共和国农村土地承包法》（2018 年修正）第三十八条第五项规定，土地承包经营权流转应当遵循“在同等条件下，本集体经济组织成员享有优先权”的原则。该条款一方面说明优先权是法律赋予本集体经济组织成员的权利，侵犯本集体组织成员优先权的土地承包经营权流转行为无效。但该条款同时也说明法律并未禁止将土地承包经营权流转给本集体经济组织成员以外的人。在这种情况下，法律仅是赋予了本集体经济组织成员以优先权。同时根据《最高人民法院关于审理涉及农村土地承包纠纷案件适用法律问题的解释》第十一条，这种优先权也存在一定的限制条件和例外情形。

一、优先权行使的条件

一是原土地承包经营权人准备将土地承包经营权流转给本集体经济组织成员以外的人。将土地承包经营权流转给本集体经济组织的成员，不存在这里所讨论的优先权问题。

二是本集体经济组织的成员主张享有优先权。享有优先权的主体是本集体经济组织的成员，且本集体经济组织的成员要主张行使优先权。

三是本集体经济组织的成员只有在同等条件下才享有优先权。何为同等条件？这里的同等条件，并不要求合同内容完全一样，而是指流转价款、流转期限等主要内容相同，其余的合同条款并不要求完全一样。在审判实践中，要重点把握价款和期限这两项内容。

二、优先权行使的例外

一是在书面公示的合理期限内未提出优先权主张的，本集体经济组织成员的优先权丧失。土地承包经营权人在流转经营权时有义务通过书面公示的方式通知本集体经济组织的成员。书面公示的地点一般应选在村委会办公所在地，以便让成员普遍知晓。此外，要给予成员一个合理的期限，以便让其决定是否行使优先权。至于期限是否合理，我国法律及司法解释没有作出具体规定，审判时应该根据案件的具体情况决定。如果某成员在知晓某户要流转土地承包经营权后，在合理期限内提出优先权主张的，其权利应该得到保护。相反，如果没有成员在书面公示的合理期限内提出优先权主张的，则本集体经济组织成员的优先权丧失。

二是未经书面公示，在本集体经济组织以外的人开始使用承包地块两个月内未提出优先权主张的，本集体经济组织成员的优先权丧失。在本集体经济组织以外的人已经实际使用承包地块后，本集体经济组织成员就应该知晓该情况。如果在长达两个月的时间内都没有人提出优先权主张，那么表明本集体经济组织成员已经放弃行使优先权，默许了本集体经济组织以外的人对该地块进行承包经营。

综上，人民法院在判断是否侵犯了本集体经济组织成员的优先权时，应当首先审查是否系本集体经济组织的成员提出优先权主张。其次审查行使优先权的条件是否具备、是否存在例外情形。即如果土地承包经营权流转之前进行了书面公示，则要审查本集体经济组织的成员是否在书面公示的合理期限内提出优先权主张，提出的流转期限、流转价款等是否相同；如果土地承包经营权流转之前没有经过书面公示，则要审查本集体经济组织以外的人是否已经实际使用该承包地块，实际使用期限是否已经超过两个月。

具体到本案，在案涉林地的土地承包经营权互换过程中以及互换后，并未有本集体经济组织的成员对该地块的土地承包经营权流转主张优先权。同时，虽然案涉互换协议签订时未进行书面公示，但截至目前，互换协议已签订十年之久，付某东亦对案涉山林进行了一定程度的经营管理。本集体经济组织成员的优先权已然丧失，故并不存在侵犯本集体经济组织成员优先权的情形，案涉林地互换协议有效。

编写人：湖北省枣阳市人民法院 欧阳亚男 李蓓蓓

17

未经民主议定程序的农村土地承包合同的效力认定

——某村委会诉张某等农村土地承包合同案

【案件基本信息】

1. 裁判书字号

山东省滨州市中级人民法院（2020）鲁16民终683号民事判决书

2. 案由：农村土地承包合同纠纷

3. 当事人

原告（被上诉人）：某村委会

被告（上诉人）：张某、齐某、王某

【基本案情】

2010年6月30日，某村时任支部书记在未经民主议定的情况下代表某村委会与张某、王某、齐某签订《某村农村集体土地承包合同书》，约定该承包地位于某水库以南，四至与原永丰乡和某村所签合同相同；租赁期为30年，自2010年6月30日起至2040年6月30日止；承包费总额12万元，一次性付清（合同签订之日）。同时约定了发包方及承包方的权利和义务等其他内容。后某村委会以涉案合同未经民主议定程序等为由诉至法院，要求确认该合同无效并将承包土地返还给某村委会。

【案件焦点】

案涉土地承包合同是否有效。

【法院裁判要旨】

山东省滨州市沾化区人民法院经审理认为：《中华人民共和国村民委员会组织法》《中华人民共和国农村土地承包法》规定，土地承包经营方案必须经村民会议讨论方可办理。某村委会与张某、王某、齐某之间的土地承包方案依法应经村民会议讨论后方可办理，但张某、王某、齐某未能提供证据证明其双方签订合同前履行了法定的民主议定程序，虽然合同加盖了村委会公章，但并不能替代村民会议或村民代表会议的决定。违反法律、行政法规的强制性规定所订立的合同无效，故涉案合同应认定为无效。合同无效后，因该合同取得的财产应当予以返还。

山东省滨州市沾化区人民法院依照《中华人民共和国村民委员会组织法》第二十四条、第二十五条，《中华人民共和国农村土地承包法》第十八条、第十九条、第四十八条，《中华人民共和国合同法》第五十二条、第五十八条规定，判决如下：

一、某村委会与张某、王某、齐某之间签订的《某村农村集体土地承包合同书》无效；

二、张某、王某、齐某将涉案承包土地返还给某村委会，于判决生效之日起十日内执行完毕。

张某、王某、齐某不服一审判决，提出上诉。山东省滨州市中级人民法院经审理认为：双方签订的合同中载明："经甲方三分之二以上村民代表讨论，对该幅土地另行发包。"某村委会在签订合同时向张某、王某、齐某表明其已履行了民主议定程序。签订合同时的某村党支部书记出庭作证，陈述当时召开了村民代表会议，但是未留下书面会议记录。在已表明通过村民议定程序的情况下，某村委会主张没有召开相关会议，但不能提供有效证据推翻自己在合同约定中表明的事实。依照民事诉讼优势证据规则，应作出对某村委会不利的证据判断。另外，召开村民代表会议，履行相关村民议定程序系村委会一方应当履行的法律责任，在合同相对人已经交清承包费用、合同已经履行九年的情况下，某村委会一方又以没有履行村民议定程序为由主张合同无效违反诚实信用原则，不予支持。

山东省滨州市中级人民法院依照《中华人民共和国民事诉讼法》第一百七十条第一款第二项规定，判决如下：

一、撤销山东省滨州市沾化区人民法院民事判决；

二、驳回某村委会的诉讼请求。

【法官后语】

土地是农民赖以生存的物质基础，民主议定程序的立法目的在于避免个别人发包土地损害集体的利益，以保护多数村民能够对农村土地之权利客体的有效支配和控制的机制，维护集体成员的权益，属于作为发包人的村集体内部的管理程序。衡量民主议定程序对合同效力的影响，既要考虑法律设置民主议定程序的意义，维护本集体经济组织成员的权益，又要兼顾第三人的利益，综合多种因素进行评价和衡量，不能片面扩张其适用范围和效力。土地发包民主议定程序是指集体土地发包方将农村土地发包给本集体经济组织以外的单位或者个人承包，应当事先经本集体经济组织成员的村民会议三分之二以上成员或者三分之二以上村民代表的同意。实践中，在农村土地承包经营合同纠纷案件中有大量发包方即村委会以未经民主议定程序为由主张合同无效的案件。如何处理，主要考虑以下几个方面：

1. 民主议定程序相关法律规定的性质。即该法律规定系效力性强制规定抑或管理性强制规定。对于效力性规定与管理性规定的区分，具体来说可以采取以下标准：第一，法律法规明确规定违反禁止性规定将导致合同无效或不成立的，该规定属于效力性规定。第二，法律法规虽没有明确规定违反禁止性规定将导致合同无效或不成立的，但违反该规定以后若使合同继续有效将损害国家利益和社会公共利益，也应当认为该规定属于效力性规定。第三，法律法规虽没有明确规定违反禁止性规定将导致合同无效或不成立，违反该规定以后若使合同继续有效并不损害国家利益和社会公共利益，而只是损害当事人的利益，在此情况下该规范就不应属于效力性规定，而是管理性规定。具体到类似于本案的案件中，农村土地承包法并未直接规定未经民主议定程序的农村土地承包合同无效。同时在承包人足额交纳承包费的情况下，合同的继续履行能够给集体带来合理收入，也不损害国家和公共利益。因此，关于农村土地发包民主议定程序的法律规定不应被认定为强制性规定。

2. 关于内部民主议定程序的对外效力。法律关于土地承包的民主议定程序的规定，是一种村集体内部的管理程序。土地发包是否经过民主议定程序，村集体以外的人难以知悉。特别是在合同中明确载明村集体内部已经完成民主议定程序的情况下，不能对承包人的审查义务要求过于苛刻。在合同载明完成民主议定程序的情况下，承包人难以对发包方是否真实进行了民主议定程序进行审查。如果无限度扩大承包方的事实审查义务，也会提高合同签订、履行的成本，与降低市场交易成本、鼓励市场交易的合同法目的相悖。

3. 关于诚实信用原则在土地承包合同纠纷中的适用。第一，当村委会与承包人缔约时，善意的承包人有理由相信土地发包程序合法。村委会一方以自己没有完成法律规定的民主议定程序为由，也即没有完成法律规定对于自己一方的义务，而解除与他人签订的合同，以法律规定为名行损害他人利益之实，有违诚实信用原则，也就是说行为人不能因为自己的过错而获利。这种诚实信用原则适用的情况可以概括为：合同是否无效与一方当事人是否有权主张合同无效，要区别对待。退一步讲，此类案件中，即使应当认定合同无效，村委会也没有资格主张。第二，应当保护承包人的投入利益。特别是在荒地承包中，往往承包期较长，承包期内的前期荒地地力较差，投入多，收益低，承包人获取收益主要是在承包期后期。经过承包期内前期承包人的投入，地力有了很大改善，应当充分肯定承包人投入时对合同的信赖，这也是对投资开发行为的鼓励。

4. 关于合同双方是否存在恶意串通的认定。此类案件如果确实存在双方恶意串通的情况，应当认定合同无效，保护村民合法权益。是否构成恶意串通应当重点衡量两个方面的因素。第一，承包费价格是否明显过低。此类案件之所以规定民主议定程序，就是为了防止土地承包过程中，因价格过低损害村集体和村民的权益，如果承包费明显低于当地市场价格的应当认定双方存在恶意串通。但应当着重注意的是，价格高低的比较应当以签订合同时为准，而不是发生纠纷时。因为随着经济社会发展、农村开发，一些荒地的承包费价格上涨过快，如果以发生纠纷时的市场价格作为参考，承包费显然过低，所以，当事人是否具有恶意的时间判断应以签订承包时为准。第二，已经履行的时间。土地承包具有特殊性，往往离本村村民居住地较近，村民也在承包地附近进行生活、生产，根据常理，村民知道或应当知道土地对外承包的事实。如果土地承包合同确因承包费价格过低损害了村民的利益，主张合同双方存在恶意串通，村民应当尽快提出。在土地承包合同已经长期履行的情况下，村委会或村民再以此主张合同无效与常理不符。实践中，此类纠纷的真实原因多为村委会或村民因土地承包费价格上涨、地力提高而主张收回土地，进而达到毁约进而侵占承包人投入的目的，选择以没有经过村民议定程序为由提起诉讼，人民法院不应予以支持。

编写人：山东省滨州市中级人民法院　刘连义　郭芙

四、土地租赁合同纠纷

18

租赁土地建设房屋并取得不动产权证的效力认定

——某村委会诉杜某、武校土地租赁合同案

【案件基本信息】

1. 裁判书字号

山东省泰安市中级人民法院（2020）鲁09民终2726号民事判决书

2. 案由：土地租赁合同纠纷

3. 当事人

原告（上诉人）：某村委会

被告（被上诉人）：杜某、武校

【基本案情】

被告武校与原告某村委会于2001年1月1日签订土地租赁合同。双方约定，某村委会将其所有的一块土地租赁给武校使用。土地面积9.7亩，租赁期限15年，自2001年1月1日起至2015年12月31日止，租赁费每年2900元。被告杜某作为武校的法定代表人在合同上签字捺印。2001年1月15日，武校取得了涉案土地集体土地使用权证，使用面积6230.5平方米，用途为教育，未载明土地使用期限。后武校在涉案土地上建设了房屋，并办理了房屋所有权登记。2006 年 11 月 3 日，杜某取得了涉案房屋的房屋所有权证。2015 年 12 月 31 日，合同到期后，经双方协商，被告继续使用土地至 2018 年，并交纳了使用费用。2018 年合同再次到期后，某村委会要求被告返还土地，双方对土地使用发生争议。某村委会诉至东平县人民法院，要求被告返还土地、清除地上附着物，形成本案诉讼。

【案件焦点】

某村委会要求被告返还土地及清除地上附着物是否有合法依据。

【法院裁判要旨】

山东省东平县人民法院经审理认为：某村委会和武校签订的土地租赁合同，系双方真实意思表示，合法有效，对双方均具有约束力。在合同履行期间，被告办理了集体土地使用证，并在涉案土地上建设房屋，同时取得了房屋所有权，据此相关法律规定，被告对涉案土地已形成物权。同时某村委会根据双方签订的合同要求对方返还土地，会导致房屋土地的割裂，此举亦违反了物权法关于房地一体、地随房走的原则。在某村委会未提交证据反驳被告建设房屋及办理集体土地使用证的前提下，要求被告返还土地，并清除地上附着物，没有法律依据。

山东省东平县人民法院依照《中华人民共和国民事诉讼法》第六十四条，《最高人民法院关于适用〈中华人民共和国民事诉讼法〉的解释》第九十条、第九十一条规定，判决如下：

驳回原告某村委会的诉讼请求。

某村委会不服一审判决，提出上诉。山东省泰安市中级人民法院经审理认为：上诉人某村委会与被上诉人武校于 2001 年 1 月 1 日签订土地租赁合同，将涉案土地租赁给被上诉人武校使用。在上述租赁合同履行期间，被上诉人武校于 2001 年 1 月 15 日取得了该涉案土地的集体土地使用权证，在该使用权证书上对使用期限未做注明。被上诉人武校在该涉案土地上进行了房屋建设行为，并于 2006 年 11 月 3 日取得了房屋所有权证。综合上述事实，被上诉人武校对该涉案土地已不仅仅是土地承租方，还是该宗土地物权法意义上的集体土地使用权人并享有建设的房屋的所有权，上诉人某村委会以双方签订的《土地租赁合同》到期为由要求被上诉人返还该涉案土地，不能对抗被上诉人在该涉案土地上已经形成的集体土地使用权、房屋所有权等物权，一审法院对其该请求不予支持并无不当，本院予以维持。上诉人某村委会的上诉请求不能成立，应予驳回。

山东省泰安市中级人民法院依照《中华人民共和国民事诉讼法》第一百七十条第一款第一项规定，判决如下：

驳回上诉，维持原判。

【法官后语】

租赁合同在经济社会中普遍存在。按照民法典的相关规定，合同到期后，权利义务终止，当事人需要按照合同约定返还租赁物。由于土地租赁具有特殊性，当事人租赁土地的目的不仅仅是使用土地本身，而是通过租赁土地获得土地使用权进行建设。在实践中，为了避免土地和房屋人为割裂，致使合法权益无法正常行使，房地一体转移原则是法官要考虑的一个关键点。《中华人民共和国民法典》第三百五十六条至第三百九十八条均反映了房地一体原则。在这种情况下，本案中武校虽只是租赁某村委会的土地，但其对涉案土地办理了土地使用权证，同时其在土地上建设的房屋，亦获得有关部门颁发的不动产权证。武校已经在事实和法律上形成了集体土地使用权、房屋所有权等物权。在该集体土地使用权、房屋所有权变更之前，某村委会仅以合同到期为由要求返还土地，不能对抗武校的物权，应当予以驳回。

编写人：山东省东平县人民法院　赵涛

19

将集体土地出租用于非农建设合同的效力认定

——建材公司诉实业公司土地租赁合同案

【案件基本信息】

1. 裁判书字号

广东省深圳市中级人民法院（2018）粤03民终7348号民事判决书

2. 案由：土地租赁合同纠纷

3. 当事人

原告（反诉被告、被上诉人）：建材公司

被告（反诉原告、上诉人）：实业公司

第三人：谢某学

【基本案情】

2009年4月19日，实业公司（甲方）与谢某学（乙方）签订《租赁协议书》，约定将涉案土地出租给乙方作建集装箱活动板房生产、存放等使用。8月20日，由谢某学作为法定代表人和股东的建材公司注册成立，该公司在《租赁协议书》乙方处盖章确认，并以该公司名义向实业公司交纳租金。

2011年7月18日、9月20日，实业公司曾两次向建材公司及其法定代表人发函称，因开发项目需提前收回土地。建材公司分别于同年12月16日、29日向实业公司回函称，因实业公司采取措施阻止建材公司正常生产经营，建材公司同意提前解约，要求实业公司按建材公司提交的清单支付搬迁费用，或经委托评估后根据评估报告做出赔偿。

建材公司于2012年1月1日开始停止向实业公司交纳租金，并开始陆续搬迁厂房内设备。2012年5月，建材公司撤场，实业公司收回该土地后将空地对外出租，将厂房用于存放机器设备等。

经法院函询行政主管部门，涉案土地按深圳市法定图则的规划用地性质为医疗卫生用地，按城市总体规划涉及工业用地，按土地利用总体规划为城乡建设用地，尚无征转为国有土地的记录。

建材公司认为实业公司构成违约，起诉请求退还已付押金7万元并赔偿提前解约造成的损失91万元。实业公司提出反诉，请求建材公司及谢某学连带支付2012年1月1日至2014年5月30日期间的租金98万元及利息，并支付拆除钢结构活动房的占地使用费。

【案件焦点】

涉案土地租赁合同是否为无效合同。

【法院裁判要旨】

广东省深圳市龙岗区人民法院经审理认为：建材公司、实业公司就涉案土地形成的土地租赁合同关系合法有效。实业公司向建材公司提出提前解除合同收回土地，并以阻碍建材公司正常经营的行为迫使建材公司同意提前解约，实业公司已构成根本违约，依法应对所造成的损失承担赔偿责任，并应退还已收取的押金。涉案空地已由实业公司收回另行出租，实业公司自认涉案钢结构厂房用于存放其机器设备，对实业公司关于建材公司支付2012年1月1日起的租金及占有使用费的请求，不予支持。

广东省深圳市龙岗区人民法院依照《中华人民共和国土地承包法》第九条、《中华人民共和国侵权责任法》第十五条规定，判决如下：

一、实业公司向建材公司支付因提前解除《租赁协议书》造成的损失779425.5元；

二、实业公司向建材公司退回押金7万元；

三、驳回建材公司其他诉讼请求；

四、驳回实业公司的全部反诉请求。

实业公司不服一审判决，提出上诉。广东省深圳市中级人民法院经审理认为：首先，涉案租赁土地的规划用途已经有关机关规划用于非农建设，即使该土地仍为集体所有，根据《广东省集体建设用地使用权流转管理办法》第三条、第八条第一款、第十二条第二款、第十八条等有关规定，在符合相关规划的前提下，集体建设用地亦可出租、转租用于兴办各类工商企业，参照前述相关土地管理改革规定及涉案土地规划用途，不宜认定涉案租赁合同违反了《中华人民共和国土地管理法》第六十三条有关集体土地不得用于非农建设的强制性规定。其次，虽然实业公司非涉案土地所有权人或建设用地使用权人，但根据《最高人民法院关于审理买卖合同纠纷案件适用法律问题的解释》第三条第一款的规定，无权处分的买卖合同尚且不仅因无权处分而为无效，举重以明轻，不改变标的物权属的租赁合同更不应因出租人无处分权而无效，而实业公司作为土地出租人，反以其不是合法权利人且无权出租为由主张涉案租赁合同无效，亦明显有违诚信。对实业公司关于涉案租赁合同无效的上诉主张不予支持，对赔偿损失等问题同意一审法院的裁判意见。

广东省深圳市中级人民法院依照《中华人民共和国民事诉讼法》第一百七十条第一款第一项规定，判决如下：

驳回上诉，维持原判。

【法官后语】

第一，认定出租集体土地用于非农建设合同的效力，关键在于审查地上是否存在主管部门已确定的城乡建设规划。

本案二审判决作出时，当时施行的《中华人民共和国土地管理法》第六十三条[①]规定农民集体所有的土地使用权不得出让、转让或出租用于非农建设，审判实践中认定集体土地租赁合同无效的，多是以违反该强制性规定作为无效

① 《中华人民共和国土地管理法》（2004 年修正）第六十三条规定：“农民集体所有的土地的使用权不得出让、转让或者出租用于非农业建设；但是，符合土地利用总体规划并依法取得建设用地的企业，因破产、兼并等情形致使土地使用权依法发生转移的除外。”

事由。2019年施行的《中华人民共和国土地管理法》虽删除了原第六十三条的强制性规定[①]，但需要说明的是，新法第四条继续宣示“国家实行土地用途管制制度”，并保留了农用地、建设用地和未利用地的土地用途分类。[②] 新法第六十三条则强调符合土地利用总体规划、城乡规划是确定集体经营性建设用地的前提条件，新法第八十二条针对擅自将集体土地出租用于非农建设，仍然规定由主管部门责令限期改正，[③] 可知修法后仍有土地用途和城乡规划上的管制，并未简单放开对集体土地用于非农建设的限制。

考虑到2019年修正前后的《中华人民共和国土地管理法》均系强调符合土地用途和城乡规划，且2005年颁布实施的《广东省集体建设用地使用权流转管理办法》（广东省人民政府令100号）第三条、第八条第一款、第十二条第二款、第十八条亦已规定，在符合相关规划的前提下，允许将集体用地出租、转租用于兴办各类工商企业，因而在判断集体土地租赁合同是否违反法律强制性规定时，应重点审查地上是否存在已确定的城乡建设规划。如租赁土地上已有经主管部门确定的城乡建设规划，基于《中华人民共和国土地管理法》的前述用途分类，土地用途即已为建设用地，则可视为已获批用

---

① 《中华人民共和国土地管理法》（2019年修正）第六十三条规定：“（第一款）土地利用总体规划、城乡规划确定为工业、商业等经营性用途，并经依法登记的集体经营性建设用地，土地所有权人可以通过出让、出租等方式交由单位或者个人使用，并应当签订书面合同，载明土地界址、面积、动工期限、使用期限、土地用途、规划条件和双方其他权利义务。（第二款）前款规定的集体经营性建设用地出让、出租等，应当经本集体经济组织成员的村民会议三分之二以上成员或者三分之二以上村民代表的同意。（第三款）通过出让等方式取得的集体经营性建设用地使用权可以转让、互换、出资、赠与或者抵押，但法律、行政法规另有规定或者土地所有权人、土地使用权人签订的书面合同另有约定的除外。（第四款）集体经营性建设用地的出租，集体建设用地使用权的出让及其最高年限、转让、互换、出资、赠与、抵押等，参照同类用途的国有建设用地执行。具体办法由国务院制定。”

② 立法机关工作人员编写的法律释义指出：“将土地分类，主要目的是限制农用地转为建设用地。”参见杨合庆主编：《中华人民共和国土地管理法释义》，法律出版社2020年版，第17~18页。

③ 《中华人民共和国土地管理法》（2019年修正）第八十二条规定：“擅自将农民集体所有的土地通过出让、转让使用权或者出租等方式用于非农业建设，或者违反本法规定，将集体经营性建设用地通过出让、出租等方式交由单位或者个人使用的，由县级以上人民政府自然资源主管部门责令限期改正，没收违法所得，并处罚款。”

作非农用途，不属于法律所禁止的擅自出租用于非农建设的情形，此时不宜以违反修改前《中华人民共和国土地管理法》第六十三条或修改后《中华人民共和国土地管理法》第八十二条等强制性规定为由，认定土地租赁合同无效。

第二，在不违背公序良俗的前提下，出租人是否具有处分权不影响土地租赁合同的效力。

《中华人民共和国民法典》编纂过程中，立法机关吸收了原《最高人民法院关于审理买卖合同纠纷案件适用法律问题的解释》第三条的规定，采纳了是否有权处分不影响合同效力的观点。[①] 在删除《中华人民共和国合同法》第五十一条关于无权处分行为效力待定的规定后，《中华人民共和国民法典》第五百九十七条第一款虽未从正面规定无权处分行为的效力，但依据违约责任仅能基于有效合同成立的法理，通过规定买受人可以解除合同并请求出卖人承担违约责任，实质明确了仅存在无权处分情形并不导致买卖合同当然无效。基于《中华人民共和国民法典》第六百四十六条关于可将买卖合同有关规定参照适用于其他有偿合同的规定，以及“举重以明轻”的法律解释适用规则，在买卖合同尚且不仅因无权处分而无效的情况下，对于不以移转标的物权属为目的的租赁合同，更不应因出租人无处分权而无效。

编写人：广东省深圳市中级人民法院　唐毅

---

① 参见黄薇主编：《中华人民共和国民法典合同编释义》，法律出版社2020年版，第324~325页。

五、其他相关纠纷

20

新址安置不能完全代替拆迁经济补偿

——郭某某诉某村委会合同案

【案件基本信息】

1. 裁判书字号

山东省济南市钢城区人民法院（2020）鲁0117民初129号民事判决书

2. 案由：合同纠纷

3. 当事人

原告：郭某某

被告：某村委会

【基本案情】

2005年2月，某村进行河道治理，郭某某的整体院落北屋4间、西屋2间、混凝土地面积130平方米需要拆迁安置，但当时村两委没有经济赔偿能力。经村两委多次与郭某某协商，郭某某与某村委会于2007年8月20日签订一份协议书，确定赔偿办法：所拆院落地面附着物由村集体给予经济赔偿，合计50600元；补偿条件：将郭某某的整个院落全部搬迁到南平台，以此作为对郭某某的补偿，时间自2005年2月1日起至2035年2月1日止，期限

30 年。协议签订后，某村委会已将郭某某重新安置到南平台，但未履行赔偿义务，郭某某诉至法院，请求判令某村委会支付郭某某地面附着物赔偿款 50600 元及利息。

【案件焦点】

郭某某在享受安置补偿后是否还有权主张经济赔偿。

【法院裁判要旨】

山东省济南市钢城区人民法院经审理认为：郭某某与某村委会签订的拆迁安置补偿协议系当事人自愿达成的协议，且不违反法律法规的强制性规定，合法有效，合同双方当事人应当按照约定履行自己的义务。从协议内容看，对地面附着物进行作价 50600 元系对地面附着物被拆除所给予的赔偿，安置搬迁至南平台系对郭某某所使用土地被占用的补偿，两者并行符合拆迁安置补偿的一般标准，且该协议在拆迁后签订，根据协议的真实意思，此协议应为某村委会因暂时无力支付赔偿款而向郭某某出具的债权凭证，某村委会现抗辩已以补偿土地折抵现金的方式补偿郭某某不成立。款项至今仍未支付，郭某某有权主张自起诉之日起按同期同类贷款利率计息的逾期付款损失。

山东省济南市钢城区人民法院依照《中华人民共和国合同法》第八条、第六十条，《最高人民法院关于审理民事案件适用诉讼时效制度若干问题的规定》第六条规定，判决如下：

一、某村委会于本判决生效之日起五日内支付郭某某地面附着物补偿款 50600 元并赔偿逾期付款损失（以 50600 元为基数，按同期全国银行间同业拆借中心公布的贷款市场报价利率，自 2020 年 1 月 14 日起计算至实际给付之日止）；

二、驳回郭某某的其他诉讼请求。

【法官后语】

土地是农民生存的根本、农村发展的保障，是农村最为重要的生活资料。

一般来说，农村的土地所有权归集体，村民享有的只是使用权。为了集体经济组织公共利益的需要，在利益调整的过程中，集体经济组织除了给予农民资金补偿外，更应该考虑村民未来生活的保障问题。双方可就占用土地的补偿方式、补偿金额和支付期限等事项订立协议，如就协议的履行产生纠纷则属于合同纠纷，可以依法提起民事诉讼。

拆迁就涉及经济利益，至于其中“赔偿”与“补偿”有没有区别，补偿和安置是不是同一性质，普通公众很少有人关注。因赔偿一般发生于违法情形下，但拆迁是基于合法行为发生，故拆迁所适用的是补偿。根据拆迁安置补偿一般标准，货币补偿与新址安置并行是一种补偿模式。该补偿模式中的货币补偿一般是对地面附着物拆损、搬迁费用、停产停业损失的补救，而新址安置则是提供替代生产生活场所。本案中，从协议时间看，案涉协议签订于拆迁后而不是拆迁前；从协议内容看，“赔偿办法”和“补偿条件”同时出现，分别对应的是地上附着物损失和土地使用权的置换。结合以上两点分析协议的真实意思表示，可看出其拆迁补偿所采用的正是这种货币赔偿与新址安置并行的方式，案涉协议实际上是某村委会因暂时无力支付赔偿款而向郭某某出具的债权凭证，郭某某在接受安置后有权据此主张经济赔偿。某村委会抗辩已以补偿土地折抵现金的方式补偿郭某某，既不符合协议的约定，也有悖诚实信用原则。

加强对占地过程中农民利益的保护，既是维护农民安居乐业的必然要求，也是实现乡村振兴的客观需要。村民委员会作为基层群众性组织，其债权债务不因村民委员会换届、成员变更而消灭。

编写人：山东省济南市钢城区人民法院　苏友芹

21

以“房屋征收”为名的集体土地上房屋拆迁补偿安置协议不宜认定无效

——张某诉某区管委会确认房屋征收补偿安置协议无效案

【案件基本信息】

1. 裁判书字号

山东省德州市中级人民法院（2020）鲁14行终159号行政判决书

2. 案由：确认房屋征收补偿安置协议无效纠纷

3. 当事人

原告（上诉人）：张某

被告（被上诉人）：某区管委会

【基本案情】

2019年2月15日，张某递交《拆迁申请书》，表示认可某区房屋拆迁补偿安置政策，自愿配合做好房屋测量、拆迁等各项工作。某区管委会内设拆迁安置办公室发布房屋征收补偿方案。6月3日，张某与该拆迁安置办公室签订《房屋征收补偿安置协议书》，后张某自行将其房屋拆除完毕。6月27日，张某同村村民向其所在的县级人民政府申请公开涉案村庄征收的相关呈报、审批、批准等文件。7月19日，该县级人民政府回复，尚未对张某所在村庄集体建设用地实施征收。张某认为某区管委会未经批准实施征收行为，其行政行为没有法律依据，且根据《中华人民共和国土地管理法》的规定，某区管委会不具有主体资格，双方签订的《房屋征收补偿安置协议书》属无效协议，请求确认该协议无效。被告认为其行政行为不具有《中华人民共和国行政诉讼法》第七十五条规定的无效情形，且该协议系原告自愿签订，属于协议拆迁，并非强制拆迁，不应当被确认为无效。

【案件焦点】

案涉房屋征收补偿安置协议是否应当被确认无效。

【法院裁判要旨】

山东省德州市德城区人民法院经审理认为：行政协议兼具行政性与合同性特点，对涉案房屋征收补偿安置协议的审查，既要适用行政法律规范，也要适用不违反行政法和行政诉讼法强制性规定的民事法律规范。首先，某区管委会是由省级人民政府批准设立的，具备行政主体资格。涉案《房屋征收补偿安置协议书》与房屋征收补偿方案虽冠以“征收”二字，但是目前在法律程序设计上并不存在独立的征收集体土地上房屋的环节，通常是在征收集体土地的过程中将房屋纳入地上附着物补偿范围。实际上，涉案房屋的集体土地使用权，在签订涉案协议后仍属于张某所在村集体所有，并未转变为国家所有。另外，一些村居的改造并不必然以征收集体土地为前提，根据《中华人民共和国土地管理法》有关宅基地、集体经营性建设用地的相关规定，对集体土地领域的管理具有灵活、多元的特点。如果不改变土地所有权的性质，地方政府和有关部门在尊重村民意愿的前提下，以提高村民居住环境、建设社会主义新农村为目的，对村居建设改造方面，依法具有一定的自主管理权。涉案房屋征收补偿安置协议本质上还是属于自愿动迁协议，区别于具有强制性的国有土地上房屋征收和对集体土地进行的征收。因此，该房屋征收补偿安置协议不存在重大且明显违法情形。其次，关于涉案房屋征收补偿安置协议是否存在民事法律规范上规定的无效情形。张某在与某区管委会签订涉案房屋征收补偿安置协议前签署拆迁申请书，认可房屋拆迁补偿安置政策，自愿积极配合相关部门做好房屋测量、拆迁等各项工作，并与某区管委会签订房屋征收补偿安置协议，该协议是其双方协商一致的结果，能够体现双方真实意思表示，不存在某区管委会以欺诈、胁迫等手段逼迫张某违反意志签订涉案协议的情形。最后，行政协议是当事人要求行政机关履行法定职责的依据，在张某房屋系属自行拆除的情况下，张某尚需以此为依据要求某区管委会承担该协议所约定的给付临时安置补助费、搬迁费等涉及张某自身生活所需的费用及后续的安置事宜，若贸然确认涉案房屋征收补偿安置协议无效，将无益于张某合法权益的维护。且房屋征收补偿方案中征收范围涉及六个村庄，牵涉范围甚广，人数众多，影响重大，若轻易否定涉案协议的效力势必影响公共利益。因此，张某诉请确认涉案房屋征收补偿安置协议无效的请求不能成立。

山东省德州市德城区人民法院根据《中华人民共和国行政诉讼法》第六十九条规定，判决：

驳回张某的诉讼请求。

张某不服一审判决，提起上诉。山东省德州市中级人民法院经审理认为：对行政协议效力的审查，要在依法行政原则与保护相对人信赖利益、诚实信用、意思自治等基本原则之间进行利益衡量，只有在行政协议存在重大明显违法、违反法律规定的强制性规定，损害国家利益、公共利益及他人合法权益时，才能确认无效，否则应当认可行政协议的效力。动辄将双方经磋商达成合意的行政协议退回原点，既阻碍行政协议功能的发挥，也有悖于行政协议订立目的的实现。张某主张涉案房屋征收补偿安置协议存在主体不适格、行政行为无法律依据等无效情形，但涉案房屋系张某居住并使用，其与某区管委会签订房屋征收补偿安置协议系双方真实意思表示，涉案协议不存在《中华人民共和国行政诉讼法》第七十五条规定的重大且明显违法情形，同时张某并未举证证实该协议存在损害国家利益、公共利益或他人合法权益的无效合同情形。

山东省德州市中级人民法院依照《中华人民共和国行政诉讼法》第八十九条第一款第一项规定，判决如下：

驳回上诉，维持原判。

【法官后语】

本案原告主张涉案补偿安置协议无效主要建立在被告发布的房屋征收补偿

方案，及与其签订的《房屋征收补偿安置协议书》均冠以“征收”之名，而实际上被告并无《中华人民共和国土地管理法》上征收土地的职权，且涉案土地也并未进行征收，由此原告认为被告超越法定职权且存在欺诈行为。该案系属行政协议案件，行政协议兼具行政性与协议性双重属性，根据《最高人民法院关于审理行政协议案件若干问题的规定》第十二条规定，行政协议存在行政诉讼法第七十五条规定的重大且明显违法情形的，人民法院应当确认行政协议无效。人民法院可以适用民事法律规范确认行政协议无效。因此，审理本案需要同时考虑两方面的因素和依据，即《中华人民共和国行政诉讼法》第七十五条及案件审判时尚在适用的《中华人民共和国合同法》第五十二条的规定。《中华人民共和国行政诉讼法》第七十五条规定了实施主体不具有行政主体资格或者没有依据等重大且明显违法情形，可以确认无效。《中华人民共和国合同法》第五十二条规定了合同无效的情形，现已为《中华人民共和国民法典》第一百四十四条、第一百四十六条第一款、第一百五十三条、第一百五十四条所取代，欺诈、胁迫及以合法形式掩盖非法目的不再是导致合同无效的事由。具体到本案，主要进行了以下考量：

首先，根据土地管理法相关法律法规的规定，若该案中的征收是“真正”意义上的征收，被告不仅存在超越由“县级以上地方人民政府予以公告并组织实施”的法定职权，且亦未经土地现状调查、社会稳定风险评估、公告、听取意见等一系列法定程序，涉案补偿协议不符合上述规定，但并未达到重大且明显违法的程度，其符合《中华人民共和国行政诉讼法》第七十条规定的被判决撤销的情形，这与原告的诉求显然不符。

其次，从原告提交的拆迁申请，被告发布的房屋征收补偿方案、双方签订的《房屋征收补偿安置协议书》，到涉案集体土地实际并未征收的事实，再到被告承认“征收”二字是其错用，都可以看出，被告并没有对原告等村民的房屋、土地进行征收的意图及实际行为。那么是否仅因“征收”二字即将被告涉及6个村庄的拆迁改造项目推倒重来，成为本案审理的一个难点。我们看双方签订的《房屋征收补偿安置协议书》，抛开目前法律并未明确如何就集体土地上的房屋单独进行征收这点不论，以国有土地上的房屋征收为例，市、县人民政府作出征收决定后，房屋征收部门就补偿方式、补偿金额等问题与被征收人签订征收补偿协议，达不成补偿协议的，报请有关部门同意后作出补偿决定，这是带有强制性色彩的。而本案中，从当事人双方的一系列行为均无法看出带有行政征收的强制性特征，因此，从本质上来讲，该协议是一份自愿动迁协议。被告在涉案补偿安置协议的签订中确实存在过错，其错误理解了行政征收的概念，将原本应该是协议拆迁的建设项目错误地表述为房屋征收项目，但考虑到被告主观上并没有欺诈的意图，客观上虽然表现出“虚假征收”的表象，但并没有实际采取类似行政征收强制性的措施、行为。

最后，涉案房屋系原告申请拆迁在先，并自行拆除且已拆除完毕，若该协议被确认无效，在现行国家赔偿直接损失赔偿原则下，会产生原告权益如何最大化保护的问题，加之涉案项目涉及6个村庄，其范围之广、人数之多，确认无效可能影响公共利益等诸多因素。

综上，合议庭最终认为，不宜仅因该协议被错误冠名即被确认无效。

编写人：山东省德州市德城区人民法院　陈绪光　王怡斐

22

村民小组代表与村民签订的用地征地补偿协议是否有效

——陆某卫诉某村民小组确认合同有效案

【案件基本信息】

1. 裁判书字号

广西壮族自治区河池市中级人民法院（2020）桂12民终1794号民事判决书

2. 案由：确认合同有效纠纷

3. 当事人

原告（上诉人）：陆某卫

被告（被上诉人）：某村民小组

【基本案情】

原告陆某卫是被告某村民小组的村民，被告全屯现约有22户。2017年12月12日，被告召开村民会议，一致讨论通过成立某村理财小组，由理财小组统一管理某村集体资金，理财小组名单为："组长：陈某强　成员：吴某方　吴某鲜（会计　出纳）　吴某华　罗某明（监督员）。"2017年12月12日，被告出具委托书委托理财小组5人到自治县城区引供水工程指挥部办公室办理领取大山水库征地补偿费事宜。某山（地名）一带林地属被告管理使用，原告在某山一带林地种植有杉树若干。因某水库水源工程建设需要，需永久征用某山一带林地作为库区坝首及上坝公路用地和临时征用某山一带林地作为库区坝首及上坝公路用地。2018年12月4日，陈某强、吴某方、罗某清、吴某华、罗某明、吴某成作为被告代表与原告分别签订了两份《协议书》，分别是关于自治县人民政府开工建设大山水库需要永久征用（以下简称《协议书一》）和临时征用（以下简称《协议书二》）某山一带林地所得补偿款分配方案的协议。《协议书一》主要约定：林木青苗补偿费由原告个人所有，林地补偿面积为21.61亩，补偿款总数为929230元，土地补偿款增值部分原告应得540250元，被告应得388980元。《协议书二》主要约定：林木青苗补偿费由原告个人所有，临时使用的林地总面积为21.61亩，补偿款总数为136375元/年，土地补偿款增值部分原告应得81250元，被告应得55125元。协议书签名处有被告六个代表的签名和被告公章。《协议书一》已经履行完毕，因双方对《协议书二》的有效性产生争议，原告诉至本院，要求确认《协议书二》有效。

【案件焦点】

1. 签订《协议书二》的人员是否得到了被告的授权；2. 《协议书二》是否有效。

【法院裁判要旨】

广西壮族自治区罗城仫佬族自治县人民法院经审理认为：被告经过召开村民小组会议，决定成立某村村民理财小组，由理财小组去领取大山水库补偿费事宜和统一管理某村集体资金。《协议书二》签名处有被告印章、理财小组4人和村民罗某清、吴某成的签名，其内容中对林地补偿款的分配属于管理行为，该协议是经过村民开会授权陈某强等人签订的，不违反《中华人民共和国村民委员会组织法》第二十四条的规定。另外，原告在某山一带种植有杉树，该林地被征用由原告获得相应的经济补偿符合法律规定。综上，《协议书二》的签订没有《中华人民共和国合同法》第五十二条关于合同无效的规定的情形，属于有效协议。

广西壮族自治区罗城仫佬族自治县人民法院依照《中华人民共和国村民委员会组织法》第十二条、第二十四条，《中华人民共和国合同法》第四十四条规定，判决如下：

确认原告陆某卫与被告某村民小组于2018年12月4日签订的《协议书二》有效。

被告某村民小组不服一审判决，提起上诉。广西壮族自治区河池市中级人民法院审理后认为：首先，某村民小组上诉主张自土地承包到户以来，某村民小组从未将协议涉及的土地发包到户。对此，本院认为，双方签订的协议只是针对协议涉及的土地被征用时，因地上附有陆某卫种植的林木，故而双方对土地被征用而获得的林木青苗补偿费以及土地补偿款增值部分确认归属陆某卫，协议本身并未涉及土地的承包经营权归属问题，因此协议涉及的土地是否已发包给罗某卫不影响协议效力的认定，故某村民小组上诉主张原审遗漏查明重要事实导致判决错误的理由不成立，本院不予采纳。其次，某村民小组上诉还主张签订协议的村民代表并未获得集体村民的授权。对此，本院认为，代表村民小组签订协议的人员系该村民小组的负责人及经村民会议推选出来的代表，且事实上案涉土地被征用时，亦是前述人员代表某村村民小组与政府相关部门签订《征地协议书》，综上，可认定前述人员签订协议时已获得授权。某村民小组该主张与客观事实不符，本院不予采纳。综上，《协议书二》是当事人的真实意思表示，不存在《中华人民共和国合同法》第五十二条规定的合同无效的情形，应属合法有效。某村村民小组的上诉请求不成立，应予驳回；一审判决认定事实清楚，适用法律正确，应予维持。

广西壮族自治区河池市中级人民法院依照《中华人民共和国民事诉讼法》第一百七十条第一款第一项规定，判决如下：

驳回上诉，维持原判。

【法官后语】

签订的合同是否有效，应当比照《中华人民共和国合同法》第五十二条规定（现为《中华人民共和国民法典》第一百四十四条、第一百四十六条、第一百五十三条、第一百五十四条规定）判断是否属于合同无效的情形，即合同主体是否有行为能力、合同内容是否是当事人的真实意思表示，是否违反法律、行政法规的强制性规定或公序良俗，行为人是相对人是否恶意串通损害他人合法权益。本案中，首先，原、被告于 2018 年 12 月 4 日签订的《协议书》是就原告所种林地被征收或临时征用所得补偿如何分配的问题，协议本身并未涉及土地的承包经营权归属问题，该土地是否发包不影响合同的效力。其次，代表村民小组签订协议的人员系该村民小组的负责人及经村民会议推选出来的代表，有证据佐证，被告村民小组称没有召开会议与法院查明的事实不符。实际上，案涉土地被征用时，亦是前述人员代表某村村民小组与政府相关部门签订《征地协议书》也与原告签订了协议书一并依约履行，也可以证明上述人员得到了村民小组委托代表村民小组办理大山水库征地补偿相关事宜，因此，对某村民小组上诉还主张签订协议的村民代表并未获得集体村民的授权，两级法院均不予采信。最后，案涉合同主体有行为能力，合同内容是否违反法律、行政法规的强制性规定或公序良俗，不存在行为人是相对人是否恶意串通损害他人合法权益的情形，即在案涉合同没有法定无效的情形，两级法院依法确认该合同有效，是正确的。

之所以会引起本案纠纷，可能存在的原因有二：一是签订合同时被告村民小组没有充分考虑、评估好整个合同以及相应的后果，以至于后面需要履行合同时被告村民小组觉得己方吃亏了，原告获利过多，被告村民小组想反悔；二是被告村民小组尚缺乏契约精神，因为案涉合同中涉及的征地租地补偿分配问题，被告村民小组的相同代表已经签订了多份合同，但就是不承认这份案涉合同，有违诚信。同时，因为己方签订的合同自己不认可，导致发生诉讼，浪费了不少人力财力，最终损害的还是村民的利益，实属不该。

从这个案件可以看出，我们应该加强宣传法律，加快构建诚信社会，每一个公民也都要学习法律，要讲诚实讲信用，营造“全民守法、遇事找法、办事依法、诚信至上”的良好社会氛围。

编写人：广西壮族自治区罗城仫佬族自治县人民法院　罗仁长

23

如何依据《中华人民共和国土地管理法》第十四条区分土地承包经营权纠纷和土地使用权纠纷

——付某、杨某广诉江某海、某村委会确认合同无效案

【案件基本信息】

1. 裁判书字号

河南省南阳市中级人民法院（2020）豫 13 民终 4221 号民事裁定书

2. 案由：确认合同无效纠纷

3. 当事人

原告（上诉人、再审申请人）：付某

原告（被上诉人）：杨某广

被告（被上诉人、再审被申请人）：江某海、某村委会

【基本案情】

付某、杨某广、江某海均与某村委会签订有土地承包合同，付某、杨某广和江某海承包地东西相邻，付某、杨某广在西，江某海在东，付某、杨某广的承包合同显示“东以原承包人承包的山为界”，江某海承包合同显示“西以陈某家住房上下田边为界”。2014 年 6 月 11 日，桐柏县人民政府为江某海颁发林权证，将 2200 亩林地使用权及林木所有权登记在江某海名下。2017 年，江某海将付某、杨某广承包经营的位于倒坡处原陈某家门前的田地用铁丝网住，付某、杨某广于同年 8 月提起民事诉讼，请求判令江某海恢复付某、杨某广的路况，拆除围网，移走江某海在路两旁种植的油茶苗。法院生效的民事裁定书认为双方之间的纠纷系土地承包经营权与林权之间的边界争议，本质系土地使用权属争议，应当依法由政府部门负责确权，裁定驳回付某、杨某广的起诉。付某、杨某广于 2018 年 9 月向法院提起行政诉讼，请求撤销江某海的林权证，生效的行政裁定书认为付某、杨某广现有证据不足以证明其承包的田地位于被诉林权登记范围内，进而证明被诉行政行为对其权利造成损害，因此，其与被诉林权登记行为无法律上的利害关系，裁定驳回付某、杨某广的起诉。

付某询问某村委会，得知其未与江某海签订土地承包合同，江某海持有的承包合同是虚假的，遂起诉请求依法确认江某海与某村委会 2002 年 7 月 1 日签订的承包合同无效。

【案件焦点】

本案是否属于民事案件受理范围。

【法院裁判要旨】

河南省桐柏县人民法院经审理认为：付某、杨某广在本案中虽以主张江某海与某村委会间合同无效为由提起诉讼，但究其实质，仍是认为江某海侵犯其土地承包经营权。生效的法律文书已认定付某、杨某广和江某海之间系土地使用权属争议，应当依法由政府部门负责确权，在政府部门没有明确江某海是否侵犯付某、杨某广承包经营权（如果侵权，明确侵权的面积、四至边界等）的情况下，付某、杨某广提起本案诉讼，要求确认江某海与某村委会间合同无效，返还争议土地，双方争议的实质仍为土地使用权属争议，应依法予以驳回起诉。

河南省桐柏县人民法院依照《中华人民共和国民事诉讼法》第一百一十九条第四项、第一百二十四条第三项，《最高人民法院关于适用〈中华人民共和国民事诉讼法〉的解释》第二百零八条第三款规定，裁定如下：

驳回付某、杨某广的起诉。

付某不服一审裁定，提起上诉，河南省南阳市中级人民法院经审理认为：某村委会与付某、杨某广和江某海分别签订了土地承包合同，江某海承包的山地由当地政府部门予以确权并颁发了权利证书。某村委会与付某在本次诉讼中均称，付某承包土地中的26.85亩土地被政府部门确权给了江某海。故双方争议实际为土地确权纠纷，该纠纷依法不属于民事案件受理的范围，双方可另行解决。综上，付某的上诉请求不能成立，一审裁定认定事实清楚，适用法律正确，应予维持。

河南省南阳市中级人民法院依照《中华人民共和国民事诉讼法》第一百七十条第一款第一项、第一百七十一条规定，裁定如下：

驳回上诉，维持原裁定。

付某不服二审裁定，向河南省高级人民法院申请再审。河南省高级人民法院经审理认为：虽然付某依据其与某村委会签订的承包合同等证据主张案涉土地系其承包地，但对于付某与村委会签订的承包合同与其与村委会签订的承包合同所涉土地范围之间存在交叉或重合并不认可，因此，双方争议的焦点并非同一土地应当由谁享有承包经营权，而是双方享有承包经营权的范围即土地界址四至问题。对于土地界限的划分已经超出了土地承包经营合同关系的调整范围，因此，本案所涉纠纷并非土地承包经营权纠纷，而是土地权属争议，根据《中华人民共和国土地管理法》的规定，不属于人民法院民事案件受案范围。综上，本案系基于承包土地范围不清导致的土地权属纠纷，并非农村土地承包经营权纠纷，不属于人民法院民事案件受案范围。原审驳回付某的起诉并无不当。付某的再审申请理由不能成立，依法不予支持。

河南省高级人民法院依照《中华人民共和国民事诉讼法》第二百零四条第一款、《最高人民法院关于适用〈中华人民共和国民事诉讼法〉的解释》第三百九十五条第二款规定，裁定如下：

驳回付某的再审申请。

【法官后语】

本案是在农村土地承包经营中产生的纠纷。根据《中华人民共和国土地管理法》第十四条的规定，土地使用权纠纷不属于人民法院民事案件受理范围，而根据《中华人民共和国民事诉讼法》第三条的规定，土地承包经营权纠纷属于法院民事案件受理范围。因此，判断案件争议类型究竟是土地承包经营权纠纷还是土地使用权纠纷，是判决此类纠纷是否属于法院民事案件受案范围的关键。此类纠纷表面上往往以土地承包合同纠纷呈现，所以应审查纠纷的实质。本案因双方承包的土地四界不明，可能存在重叠等情况，故本质上应为土地使用权纠纷。

一、土地承包经营权纠纷是基于土地承包合同产生的纠纷

土地承包包括家庭承包和其他方式的承包。家庭承包具有一定的社会保障性质，其取得系基于行政划拨或村民自治组织的分派，在是否取得土地及取得多少土地不清的情况下，应当由确定权属的主体先行处理，即调解及行政处理优先，这也是司法权不干涉行政权和村民自治的重要方面。在其他方式承包的情况下，由于承包经营权的取得系基于承包合同，因此主要是合同关系。合同成立的前提是合同标的必须明确清晰，在合同标的不明确的情况下，首先应当明确合同标的，而后对合同行为作出司法评判。

二、土地使用权纠纷是土地权属的纠纷

土地权属纠纷的发生往往与土地行政管理行为和村民自治行为密切相关，具有较强的政策性和专业性，需要结合历史、政策等多重因素具体考量。

三、《中华人民共和国土地管理法》第十四条规定的土地使用权争议不包括农村土地承包经营权

一方面，从土地的取得方式上，根据《中华人民共和国土地管理法》第

十条、第四十一条的规定，国有土地和农民集体所有的土地的使用权，是由所有权人通过“依法确定”的方式交由单位或个人使用的，即土地使用权的取得依据的是行政行为，而根据《中华人民共和国土地管理法》第十三条的规定，对于土地承包，发包方和承包方应当依法订立承包合同，即土地承包经营权的取得依据是民事合同行为，二者在取得方式上完全不同。另一方面，《中华人民共和国农村土地承包法》第五十五条第二款明确规定因土地承包经营发生纠纷的，当事人可以直接向人民法院起诉。《中华人民共和国土地管理法》和《中华人民共和国农村土地承包法》是普通法和特别法的关系，上述规定可以视为对《中华人民共和国土地管理法》第十四条适用的例外。也正因如此，《土地权属争议调查处理办法》第十四条才明确规定，农村土地承包经营权争议案件不作为土地权属争议案件受理。实践中，大多数地区的土地部门据此不受理农村土地承包经营权争议案件，如果再把此类案件归入使用权纠纷从而排除法院管辖，就堵塞了纠纷双方解决上述问题的途径。

土地使用权的取得方式是土地行政行为或村民自治等非纯民事行为，土地承包经营权的取得方式为典型的民事合同行为，因此，可以将权利取得方式作为判断土地争议受理权限的一个标准。如果争议权利系基于行政行为、村民自治等非纯民事行为方式取得的，则适用《中华人民共和国土地管理法》第十四条，由行政机关先行审查处理，如果争议权利系基于合同行为等其他民事法律行为取得的，则不适用《中华人民共和国土地管理法》第十四条，人民法院应当作为民事案件受理。

编写人：河南省高级人民法院　张琦

24

合作开发房地产合同与土地使用权转让合同的区分

——健康管理公司诉置业公司房地产开发经营合同案

【案件基本信息】

1. 裁判书字号

山东省滨州市中级人民法院（2020）鲁16民终1773号民事判决书

2. 案由：房地产开发经营合同纠纷

3. 当事人

原告（反诉被告、被上诉人）：健康管理公司

被告（反诉原告、上诉人）：置业公司

第三人：李某勇

【基本案情】

2006年9月30日，某乡政府与商贸公司签订《合同书》，约定商贸公司使用某乡政府的土地用于项目建设。2017年11月，健康管理公司与置业公司签订《田园乡墅开发项目合作协议》（以下简称《合作协议》），约定健康管理公司将拥有使用权的一宗土地（即上述商贸公司从某乡政府取得使用权的土地）以地作价给置业公司，置业公司作为开发责任主体开发该项目。李某勇在协议中保证人处签字捺印。某县国土资源局以网上挂牌方式出让涉案土地，并发布国有建设用地使用权网上挂牌出让公告。2017年12月25日，无棣县公共资源交易中心出具成交通知书，通知书载明置业公司以1019万元取得涉案土地的使用权。同日，置业公司将上述款项缴纳至无棣县公共资源交易中心的账户。2019年9月30日，商贸公司出具《证明》，追认上述《合作协议》。

按照《合作协议》约定，健康管理公司履行了合同义务，但置业公司并未按合同约定向健康管理公司支付2000万元的合同款项，故健康管理公司诉求判令置业公司履行合同，向健康管理公司支付合同约定的2000万元及利息。置业公司认为，其与健康管理公司签署的《合作协议》名为房地产合作开发合同，实为土地出让合同，该合同违反强制性法律规定，并以此为由提出反诉，要求确认《合作协议》无效，要求健康管理公司依据该合同获取的收益应当依法没收收归国有，并应将已经收取的土地款返还置业公司。

【案件焦点】

如何认定健康管理公司置业公司《合作协议》的性质，该协议是否具有法律效力。

【法院裁判要旨】

山东省无棣县人民法院经审理认为：《最高人民法院关于审理涉及国有土地使用权合同纠纷案件适用法律问题的解释》第十四条规定："本解释所称的合作开发房地产合同，是指当事人订立的以提供出让土地使用权、资金等作为共同投资，共享利润、共担风险合作开发房地产为基本内容的协议。"健康管理公司和置业公司在《合作协议》中约定了双方的合作方式："健康管理公司提供的涉案土地及地上附属物（不包含医疗设备和办公设备）共作价4100万元，作为健康管理公司的土地成本。置业公司作为房地产企业具有房地产开发资质。"双方约定"共同掌握楼房销售环节、共同监管售房资金，物业管理由置业公司指定公司负责。利益分成：在按期支付甲方土地款的前提下，乙方每销售一平方米楼房再给甲方提取500元利润，签署本协议期间，经市场调查双方同意以5500元/平方米为预期价格，若实际销售价格高于5500元/平方米，高出部分甲乙双方再按2∶8的比例分红；若实际销售价格低于5500元/平方米，低于部分甲乙双方再按2∶8的比例扣除"。从上述约定中可以看出双方是共同投资、共享利润、共担风险合作开发房地产。因此本案合同性质为合作开发房地产合同。但双方签订合同时土地并没有取得使用权，故应为附条件的合作开发房地产合同。

《合作协议》系双方当事人的真实意思表示，不违反法律、行政法规的强制性规定，应为有效合同，对双方当事人具有约束力。一方面，2006年9月30日，商贸公司与某乡政府签订的合同书中约定商贸公司取得对涉案土地的使用权，使用期限为50年。2019年商贸公司追认《合作协议》，故健康管理公司取得涉案土地的处分权。另一方面，涉案土地在健康管理公司和置业公司签订合同时未取得国有建设用地使用权，这一状况双方明知。后置业公司按照《合作协议》约定通过招拍挂的方式，由其直接打入政府指定的账号1000万元，土地出让金超出1000万元部分由健康管理公司承担。双方按照约定履行合同义务。结合上述两方面考量，健康管理公司不符合无权处分的情形。

综上，置业公司的反诉请求均无事实及法律依据，不予支持。健康管理公司和置业公司应按照合同约定全面履行合同义务，健康管理公司诉求置业公司支付2000万元，条件成就，置业公司应予支付。

山东省无棣县人民法院依照《中华人民共和国合同法》第六十条、第一百零七条，《中华人民共和国民事诉讼法》第六十四条，《最高人民法院关于审理涉及国有土地使用权合同纠纷案件适用法律问题的解释》第十四条规定，判决如下：

一、置业公司于本判决生效之日起十日内给付健康管理公司土地款2000万元及利息（以2000万元为基数，自2019年8月30日起至本判决确定履行之日止，利率按照全国银行间同业拆借中心公布的贷款市场报价利率计算）；

二、驳回置业公司的反诉请求；

三、李某勇在本案中不承担法律责任。

置业公司不服一审判决，提起上诉。

山东省滨州市中级人民法院同意一审法院的裁判意见。

【法官后语】

本案例为准确区分房地产合作开发合同和土地使用权转让合同的典型案例。房地产合作开发已成为房地产行业的常见运作模式，合作开发房地产合同在其中扮演了非常重要的角色。但该合同为合同法上的“无名合同”，长期以来合作开发房地产合同的性质认定及效力判定一直没有形成共识的标准，在监管方面亦不尽完善，故在实践中，大量土地使用权转让合同、借款合同、房屋买卖及租赁合同纷纷以“合作开发”“合建”“联建”等冠名，以合作开发房地产合同的面目出现。其中，名为合作开发房地产实为土地使用权转让合同的行为尤为常见，对我国的土地管理制度形成了一定程度的影响，已受到广泛关注。

一、区分认定的基本依据：最高人民法院司法解释

《最高人民法院关于审理涉及国有土地使用权合同纠纷案件适用法律问题的解释》第七条规定，本解释所称的土地使用权转让合同，是指土地使用权人作为转让方将出让土地使用权转让于受让方，受让方支付价款的合同。从定义可以看出，若名为合作开发房地产合同约定提供土地使用权的当事人不承担经营风险，只收取固定利益，则表明其真实意思仅在于收取土地使用权转让的对价，这和土地使用权转让合同法律关系的特征完全符合，故此类“合作开发房地产合同”应当认定为土地使用权转让合同。

《最高人民法院关于审理涉及国有土地使用权合同纠纷案件适用法律问题的解释》第十二条规定，本解释所称的合作开发房地产合同，是指当事人订立的以提供出让土地使用权、资金等作为共同投资，共享利润、共担风险合作开发房地产为基本内容的合同。从定义可以看出，合作开发房地产合同的三个重要特征是：共同投资、共享利润和共担风险。若名为土地使用权转让合同约定提供土地使用权的当事人不仅收取利润而且承担经营风险，则表明其真实意思是共同投资、共享利润和共担风险，这和合作开发房地产合同法律关系的特征完全符合，故此类土地使用权转让合同应当认定为合作开发房地产合同。

二、区分认定的关键要素：共担风险

在实务中，结合《最高人民法院关于审理涉及国有土地使用权合同纠纷案件适用法律问题的解释》第七条规定，如果一方只出地，并收取固定收益，则不符合“共担风险”的要求。该解释第二十一条规定，合作开发房地产合同约

定提供土地使用权的当事人不承担经营风险，只收取固定利益的，应当认定为土地使用权转让合同。由此可见，实务中一方出地一方出钱合作开发房地产发生纠纷时，要确定双方的权利义务关系，首先要对合同的性质进行认定，而判断合同性质的关键是“双方是否共担风险”。在确定提供土地使用权的一方当事人是否承担经营风险时，不能仅把合同是否具有明确的不承担经营风险的约定作为判断标准，还要考虑合同中所约定的共同分担风险的比例。“共担风险”不仅要求合作方共同承担经营风险，而且要求各方对经营风险的分担比例与约定的各方所分享的利益比例大致相当，至少不应严重失衡。

三、司法实践的个案探索

综上所述，由于合作开发房地产的复杂性和多样性，实践中需根据个案具体情况来认定一个“合作合同”是合作开发房地产合同还是土地使用权转让合同，对于合同效力的认定更应当具体情况具体分析。《最高人民法院关于审理涉及国有土地使用权合同纠纷案件适用法律问题的解释》第七条、第十二条和第二十一条只是规定了一个原则上的认定标准，司法实践中尚需承办法官作出进一步的“解释”。如本案根据《合作协议》的具体条款内容“若实际销售价格高于5500元/平方米，高出部分甲乙双方再按2∶8的比例分红；若实际销售价格低于5500元/平方米，低于部分甲乙双方再按2∶8的比例扣除”的表述，得出合同双方的真实意思是共享收益、共担风险的结论。当然，在实践中也有很多复杂的情况，对合作开发房地产合同和土地使用权转让合同的正确认定也要具体分析，通过个案裁判规则和司法经验的积累，逐步形成更加完善、明确的区分标准。

编写人：山东省无棣县人民法院　陈微雯

环境资源纠纷

六、环境污染责任纠纷

25

环境侵权责任举证责任分配及因果关系认定

——穆某清诉房地产公司等环境污染责任案

【案件基本信息】

1. 裁判书字号

黑龙江省哈尔滨市中级人民法院（2020）黑01民终1235号民事判决书

2. 案由：环境污染责任纠纷

3. 当事人

原告（被上诉人）：穆某清

被告（上诉人）：某中集团

被告：房地产公司、某中集团分公司

【基本案情】

房地产公司对某块土地进行房地产开发建设，由某中集团承建。该项目与穆某清承包地相毗邻。2017年春季，某中集团、某中集团分公司在施工过程中，将大量的未经任何处理的生活污水及工地废水直接排放到工地外围，致使穆某清承包地里种植几年的树木因污染而大量死亡。穆某清诉至法院，要求房地产公司、某中集团、某中集团分公司赔偿其土地清理费 4400 元、鉴定费 25000 元。

【案件焦点】

1. 环境污染责任中的因果关系如何认定；2. 举证责任如何分配。

【法院裁判要旨】

黑龙江省哈尔滨市松北区人民法院经审理认为：

一、本案是环境污染侵权责任纠纷

《中华人民共和国环境保护法》第二条规定，本法所称环境，是指影响人类生存和发展的各种天然的和经过人工改造的自然因素的总体，包括大气、水、海洋、土地、矿藏、森林、草原、湿地、野生生物、自然遗迹、人文遗迹、自然保护区、风景名胜区、城市和乡村等。第四十二条规定，排放污染物的企业事业单位和其他生产经营者，应当采取措施，防治在生产建设或者其他活动中产生的废气、废水、废渣、医疗废物、粉尘、恶臭气体、放射性物质以及噪声、振动、光辐射、电磁辐射等对环境的污染和危害。建设工程施工过程中，基于各种自然及人为因素，会产生建筑及生活废水，可能造成他人的人身损害、财产损失、生态环境的实质损害或损害风险。穆某清承包土地及地上资源均系法律规定的自然环境的一部分，且环境责任侵权纠纷所述的损害包括实质损害后果，也包括由污染行为所引发的损害风险，故对环境污染的理解不应采取限缩解释，而应当从防止、减少环境污染和生态破坏，推进生态文明建设，促进经济社会可持续发展的角度出发来界定是否是环境责任侵权纠纷，本案符合上述规定，应属于环境责任侵权。

二、涉案排污行为与穆某清的损害结果之间具有因果关系

《中华人民共和国侵权责任法》第六十五条规定，因污染环境造成损害的，污染者应当承担侵权责任。第六十六条规定，因污染环境发生纠纷，污染者应当就其行为与损害之间不存在因果关系承担举证责任。《最高人民法院关于审理环境侵权责任纠纷案件适用法律若干问题的解释》第六条规定，被侵权人根

据侵权责任法第六十五条规定请求赔偿的，应当提供证明以下事实的证据材料：（一）污染者排放了污染物；（二）被侵权人的损害；（三）污染者排放的污染物或者其次生污染物与损害之间具有关联性。穆某清要求房地产公司、某中集团、某中集团分公司承担环境污染赔偿责任，应就房地产公司、某中集团、某中集团分公司实施了污染行为、财产遭受了损害承担举证责任，此外还应举出初步证据证明涉案排放的污染物与损害之间具有关联性。房地产公司、某中集团、某中集团分公司应就其行为与损害之间不存在因果关系承担举证责任。

第一，穆某清提供的证据及相关事实，能够证明某中集团承建的实际现场施工方某中集团分公司在施工过程中实施了加害污染行为，将污水未经处理直接排放至穆某清承包的土地内。根据中华人民共和国住房和城乡建设部发布的《建设工程施工现场环境与卫生标准》（编号为JGJ146-2013），第3.0.1条，建设工程施工总承包单位应对施工现场的环境与卫生负总责，分包单位应服从总承包单位的管理。参建单位及现场人员应有维护施工现场环境与卫生的责任和义务。第3.0.8条，施工现场应实行封闭管理，并应采用硬质围挡。市区主要路段的施工现场围挡高度不应低于2.5m。一般路段围挡高度不应低于1.8m……第4.3.1条，施工现场应设置排水沟及沉淀池，施工污水应经沉淀处理达到排放标准后，方可排入市政污水管网。第4.3.3条，施工现场临时厕所的化粪池应进行防渗漏处理。根据该建筑行业标准，某中集团作为总承包单位，对案涉穆某清承包地毗邻的施工范围环境卫生未进行必要合理的管理，未履行承包单位监督、指挥职责。某中集团分公司作为参建单位，未按照行业要求对现场加固围挡，亦未对污水排放采取必要的过滤净化处理，未对施工现场周边环境采取必要的保护措施及直接排放污水的污染行为均系环境侵权责任纠纷中的侵权行为。

第二，穆某清提供的《司法鉴定意见》等证据证明其承包地树木因排放污水而遭受损害。结合穆某清提交的承包地上及施工现场照片、视频，可以认定承包地上作物被污水浸泡污染、树木死亡的事实，穆某清的作物因污水排放遭受损害的事实客观存在。某中集团及某中集团分公司对该鉴定意见提出异议，经我院向本案鉴定机构黑龙江北方司法鉴定中心致函询问，该鉴定机构回函如下：1. 鉴定费 25000 元收费分项：（1）树木死亡损失的鉴定费用 5000 元；（2）未结果期损失的鉴定费用 3000 元；（3）恢复原状所需资金的鉴定费用 5000 元；（4）土地是否被污染的鉴定费用 2000 元；（5）树木死亡与排污之间是否存在因果关系的鉴定费用 10000 元。2. 因补充鉴定报告由 2 个鉴定专家分别撰写，主报告撰写人代老师出现场为 2018 年 8 月 15 日和 29 日，故主报告没有 2019 年 3 月 7 日；周老师出现场为 2018 年 8 月 15 日和 2019 年 3 月 7 日，故时间上报告未反映出来，但补充鉴定报告中 1~7 号样品均为 2019 年 3 月 7 日采集的样品分析数据，不影响结果。现更正补加 2019 年 3 月 7 日。3. 样品 5 应该是：果园土壤 7 号和 8 号（0~20 厘米）混合样，属电脑操作粘贴后未修改笔误，现更正为（0~20 厘米）。4. 树木死亡原因是遭受污水浸泡。因离排污口越近，苯并芘数值越高，说明排污口排出的是污水。许多国家的动物实验证明：苯并芘具有致癌、致畸、致突变性，污水中含有苯并芘导致树木死亡目前没有报道。上述复函经我院组织当事人开庭征询了各方意见。结合两次鉴定意见及回函，可以认定排污行为与损害结果之间的因果关系。

第三，穆某清提供的证据及相关事实足以认定排放污水造成的污染与穆某清树木遭受损害之间具有关联性。结合鉴定意见及回函所述“树木死亡原因是遭受污水浸泡”，可以认定树木死亡并非单纯因遭受水淹浸泡而致物理作用死亡，而是与排放液体中的各项有害物质存在关联，正是由于污染物结合物理浸泡的双重原因共同致使作物死亡，对此穆某清已经完成该事实的初步举证责任。

第四，某中集团、某中集团分公司未能证明其排污行为与穆某清所受损害之间不存在因果关系。依据《最高人民法院关于审理环境侵权责任纠纷案件适用法律若干问题的解释》第七条规定，污染者举证证明下列情形之一的，人民法院应当认定其污染行为与损害之间不存在因果关系：（一）排放的污染物没有造成该损害可能的；（二）排放的可造成该损害的污染物未到达该损害发生地的；（三）该损害于排放污染物之前已发生的；（四）其他可以认定污染行为与损害之间不存在因果关系的情形。某中集团案涉工程施工现场与穆某清承包地作物受损部分相毗邻，且工程施工时间与其遭受损失的时间也整体一致，故本案损害与污染行为之间存在明显的空间、时间关联性。某中集团分公司主张作物死亡可能与当时雨季天气有关，但未举证证明当时系雨季及对作物影响程度，且根据本院查明的事实已经显示作物死亡系排放污水所致，水体来源系排污，故对其该项抗辩不予采纳。依据常理推断，农作物在遭受非正常灌溉量级别的液体浸泡下，无论哪种液体都将对作物生长产生影响乃至使作物死亡，而该原因力并非导致作物死亡的唯一、直接原因。污水排放至土壤中，农作物生长于土壤地表及地上，土壤成分检测合格与作物死亡不具备必然因果联系，无法排除作物本身已经直接遭受污染物的污染。某中集团、某中集团分公司的举证仅证明存在排除污水中污染物致作物死亡的可能性，也无法认定系其他原因造成作物死亡的事实。因此，某中集团、某中集团分公司并未完成法定的举证责任，其应承担相应的不利后果。

综上，穆某清完成了举证责任，举证证明了某中集团、某中集团分公司存在污染行为，承包地上农作物因污染而遭受损害的事实及污水排放污染与损害之间具有关联性。某中集团、某中集团分公司未能证明其排污行为与穆某清所受损害之间不存在因果关系。因此，本案系因污水排放使农作物遭受污染引发的环境污染侵权责任纠纷，某中集团、某中集团分公司排放污水造成穆某清财产损失，应承担相应的损害赔偿责任。

三、如何确定赔偿义务人及赔偿义务人应如何承担责任

第一，穆某清主张应当由房地产公司共同承担侵权责任，因环境污染责任纠纷应当遵循污染者负担的基本原则，房地产公司不存在污染行为，且根据行业规定总承包方应负有管理责任，故对穆某清的该项诉讼请求不予支持。房地产公司作为工程发包单位，虽不承担本案的侵权责任，但仍然具有共同保护环境的义务及防止、减少环境污染和生态破坏的企业责任，应当在今后的工程项目发包过程中加强监督管理。

第二，本案中的污染物排放行为的直接实施者系某中集团分公司，《中华

人民共和国公司法》第十四条第一款规定，公司可以设立分公司。设立分公司，应当向公司登记机关申请登记，领取营业执照。分公司不具有法人资格，其民事责任由公司承担。根据法律规定穆某清起诉某中集团及某中集团分公司为共同被告，因某中集团分公司不具备独立的法人资格，其民事责任最终应当由其所属的法人，即某中集团承担。穆某清的损失合计138998.5元，应由某中集团予以赔偿。

第三，鉴定费用如何负担。根据北方农业司法鉴定中心回函鉴定费25000元收费分项分别为树木死亡损失鉴定费、未结果期损失鉴定费、恢复原状所需资金鉴定费、土地是否被污染鉴定费、树木死亡与排污之间是否存在因果关系鉴定费。某中集团分公司根据“谁主张，谁举证”原则，土壤未被排污所污染，不存在土地置换问题，也不存在恢复土壤的资金问题，故“土地是否被污染”的鉴定费用2000元应当由穆某清自行负担。因土地撂荒产生了恢复土地原状费用，故对穆某清请求该项鉴定费用5000元由某中集团承担的主张予以支持。

黑龙江省哈尔滨市松北区人民法院依照《中华人民共和国侵权责任法》第六十五条、第六十六条，《中华人民共和国公司法》第十四条第一款，《最高人民法院关于审理环境侵权责任纠纷案件适用法律若干问题的解释》第一条、第六条、第十五条，《中华人民共和国民事诉讼法》第六十四条、第一百四十四条，《最高人民法院关于适用〈中华人民共和国民事诉讼法〉的解释》第九十条规定，判决如下：

一、某中集团于本判决生效之日起十日内赔偿穆某清葡萄和樱桃园因排入废水造成的经济损失134598.5元、土地撂荒恢复原状的费用4400元，合计138998.5元；

二、某中集团于本判决生效之日起十日内给付穆某清鉴定费23000元；

三、驳回穆某清的其他诉讼请求。

某中集团不服一审判决，提起上诉。黑龙江省哈尔滨市中级人民法院经审理认为：某中集团上诉称案涉垃圾为施工人员产生的生活垃圾，某中集团没有管控权力及管控义务不应承担法律后果。对此，某中集团没有提供充分有效的证据证实案涉污染均为生活垃圾所致，且作为建筑施工企业亦应对施工人员的集中生活区域产生的生活垃圾进行管理，避免对施工现场周边的环境造成污染。故对某中集团所提该项主张，不予支持。

穆某清所举示的《司法鉴定意见书》及鉴定机构出具的针对一审法院问询函作出的复函能够证实案涉树木死亡原因是遭受污水浸泡，且排污口排出的是污水。据此，在某中集团未提供充分有效的证据证实案涉污染行为与其没有因果关系的情况下，一审法院依照《中华人民共和国侵权责任法》第六十六条以及第七条的规定结合本案在案相关证据，认定穆某清的损害结果与某中集团的排污行为之间具有因果关系，并无不当。综上所述，某中集团的上诉请求不能成立，应予驳回；一审判决认定事实清楚，适用法律正确，应予维持。

黑龙江省哈尔滨市中级人民法院依照《中华人民共和国民事诉讼法》第一百七十条第一款第一项规定，判决如下：

驳回上诉，维持原判。

【法官后语】

近年来，环境资源审判案件日益受到重视，较之原《中华人民共和国侵权责任法》关于环境侵权责任的规定，《中华人民共和国民法典》的一大亮点是就原因行为增加了“破坏生态”这一侵权形式，完善了环境侵权行为类型，为有效衔接《中华人民共和国民法典》和生态环境保护的相关法律规定奠定了基础。在环境侵权案件中，举证责任如何分配、关联性和因果关系如何界分和认定是侵权责任承担和损害赔偿的关键。现以本案为基础，依据相关法律规定和学说理论，对环境侵权案件的审理分析如下：

一、环境侵权责任的举证责任分配

在一般侵权中，被侵权人需就侵权责任四要件承担证明责任，但环境侵权责任属于特殊侵权类型，适用无过错归责原则，在举证责任分配上，侵权人应当就其行为与损害之间不存在因果关系承担举证责任，即侵权人应承担更多的举证责任。这是由污染环境行为的复杂性决定的，其因果关系的证明较一般侵权行为案件更为复杂。另外，侵权人处于优势地位，相对被侵权人而言更容易获得污染物排放状况、危害性等关键性信息，因此对污染行为和损害后果之间的因果关系的证明责任需要由侵权人负担。1992年施行的《最高人民法院关于适用〈中华人民共和国民事诉讼法〉若干问题的意见》即规定，环境污染致人损害引起的侵权诉讼，对原告提出的侵权事实，被告否定的，由被告负举证责任。2001年《最高人民法院关于民事诉讼证据的若干规定》第四条第一款第三项进一步明确，因环境污染引起的损害赔偿诉讼，由加害人就法律规定的免责事由及其行为与损害结果之间不存在因果关系承担举证责任。该规则被2010年出台的《中华人民共和国侵权责任法》吸收。

但是，此种因果关系举证责任倒置并不意味着被侵权人无须承担任何证明责任，在2015年《最高人民法院关于审理环境侵权责任纠纷案件适用法律若干问题的解释》第六条中明确了原告证明责任范围，其中包括被侵权人应当提供污染者排放的污染物或者其次生污染物与损害之间具有关联性的证明材料。《中华人民共和国民法典》施行后，最新修订的《最高人民法院关于审理环境侵权责任纠纷案件适用法律若干问题的解释》对被侵权人的证明责任沿用了该规定。这表明环境侵权责任中的举证责任倒置并未完全排除被侵权人对因果关系的举证责任，被侵权人仍需就环境侵权行为与损害后果之间的因果关系承担初步的证明责任。

根据举证责任倒置原则，若作为原告的被侵权人完成了初步证明责任，因果关系的证明责任就转移至侵权人一方。侵权人需证明其侵权行为与损害结果之间不存在因果关系，对此，《最高人民法院关于审理环境侵权责任纠纷案件适用法律若干问题的解释》第七条规定，侵权人举证证明下列情形之一的，人民法院应当认定其污染环境、破坏生态行为与损害之间不存在因果关系：（一）排放污染物、破坏生态的行为没有造成该损害可能的；（二）排放的可造成该损害的污染物未到达该损害发生地的；（三）该损害于排放污染物、破坏生态行为实施之前已发生的；（四）其他可以认定污染环境、破坏生态行为与损害之间不存在因果关系的情形。

二、被侵权人的“关联性”证明责任

如前所述，环境侵权责任的举证责任倒置规则并不意味着原告就因果关系不承担任何证明责任，而是应当提交初步证据证明污染者排放的污染物或者其次生污染物与损害之间具有关联性。此种“关联性”证明责任不同于“因果关系”证明责任，但目前相关法律和司法解释均未明确“关联性”的判断标准。比较法上，各国环境侵权责任理论研究和司法实践大多采因果关系推定理论，并发展出三种主要学说：盖然性说、疫学因果关系说、间接反证因果关系说。

盖然性说是指被侵权人对因果关系承担的是盖然性的证明标准，也即如果因果关系存在的盖然性大于不存在的盖然性，就可以推定因果关系存在。疫学因果关系说从医学的角度出发，认为如能证明流行病学意义上的因果关系，就可以推定行为与损害之间存在因果关系。间接反证因果关系说源自德国，是把因果关系上所需要的因素予以具体化，并在其中减少或减轻了需要由被侵权人进行举证的对象。同时，对试图得到免责的侵权人附加了更为广泛的间接反证责任，从而放宽被侵权方的举证责任。目前主流观点认为，对大规模人群的健康受损，可以采取“疫学因果关系说”，对于其他的人身和财产损害，可以借鉴“间接反证因果关系说”，参考《环境损害鉴定评估推荐方法（第Ⅱ）版》关于因果关系判断的相关因素[①]，并结合侵权行为与损害结果之间的时空关联性进行判断。如若被侵权人能够证明前述因素中的部分因素，就可以完成初步举证责任，将证明因果关系的证明责任转移给侵权人。

三、《中华人民共和国民法典》第一千二百三十条因果关系认定的应然适用路径

《中华人民共和国民法典》第一千二百三十条就污染环境、破坏生态行为人举证责任进行规定，即因污染环境、破坏生态发生纠纷，行为人应当就法律规定的不承担责任或减轻责任的情形及其行为与损害之间不存在因果关系承担

① 参见最高人民法院民法典贯彻实施工作领导小组主编：《中华人民共和国民法典侵权责任编理解与适用》，人民法院出版社2020年版，第519~520页。

举证责任。但该条省略了原告承担行为与损害之间关联性的初步证明表述，故《中华人民共和国民法典》第一千二百三十条的应然适用路径为：原告举证证明侵权人排放了污染物或者破坏了生态、被侵权人受有损害及侵权人排放的污染物或者其次生污染物、破坏生态行为与损害之间具有关联性，并且该关联性达到间接反证标准，法院审查原告初步举证证明完成后，再由被告对不存在因果关系进行证明，达到高度盖然性标准可否认因果关系成立。

值得注意的是，基于环境侵权的专业性、复杂性等特征，鉴定意见在司法审判中发挥重要作用，但其只能为法官提供一定的参考和方向，法官仍需审查专业机构出具的鉴定意见与案件事实的关联性，结合价值判断、合法性合理性论证和全面客观原则认定环境污染行为与损害结果之间的因果关系。

本案在审理中梳理了环境侵权案件侵权人与被侵权人的举证责任分配问题，在被侵权人提供了权属证明、照片、视频、鉴定意见等初步证据的情况下，法院就前述证据进行综合审查，认定原告已完成其初步举证责任，证明不存在因果关系的证明责任由此转移至侵权人，而侵权人未能证明其排污行为与损害事实之间不存在因果关系，故不能免责。

编写人：黑龙江省哈尔滨市松北区人民法院　张相琨
最高人民法院司法案例研究院和复旦大学联合培养实习生　刘宇星

26

环境侵权产生的精神损害应依法赔偿

——杨某柳诉投资公司环境污染责任案

【案件基本信息】

1. 裁判书字号

广西壮族自治区桂林市中级人民法院（2020）桂03民终301号民事判决书

2. 案由：环境污染责任纠纷

3. 当事人

原告（被上诉人）：杨某柳

被告（上诉人）：投资公司

第三人：物业分公司、某区环保局

【基本案情】

杨某柳于2016年与投资公司签订《商品房买卖合同》，购买投资公司开发的商品房屋一套。2018年4月29日，投资公司将房屋交付给杨某柳使用。杨某柳收房后，发现其所购买的房屋屋面平台装有油烟设备3套，且油烟设备开启后，震动、噪声较大，并伴有油烟飘入室内。杨某柳认为投资公司在出售房屋时未告知在其房屋的屋面平台安装鼓风机和油烟净化机，在楼盘沙盘和商品房买卖合同中也未标注。杨某柳向物业公司反映上述情况，经该公司核实，确有噪声，遂与投资公司协商进行整改。2019年4月，杨某柳向包括某区环保局在内的多个部门进行投诉，但与投资公司双方无法达成一致意见，整改措施未能实施。本案在审理过程中，投资公司对油烟设备进行整改，震动和噪声有所降低，但杨某柳认为仍有震动、噪声和油烟，使其无法入睡。投资公司、杨某柳遂诉至法院，请求投资公司限期拆除油烟设备，并赔偿其房屋租金损失费20000元及精神损失费5000元。

【案件焦点】

1. 本案是否为环境污染责任纠纷；2. 投资公司应否承担侵权责任并赔偿损失。

【法院裁判要旨】

广西壮族自治区桂林市七星区人民法院经审理认为：环境污染责任是指因工业活动或者其他人为原因，导致自然环境遭受污染或者破坏，从而造成他人人身、财产权益或者公共环境、其他公共财产遭受损害，侵权人所应承担的侵权损害赔偿责任，故本案属环境污染责任纠纷。投资公司在杨某柳购买的房屋屋面平台装有油烟设备3套，且油烟设备开启后震动、噪声较大，并有油烟飘入室内，故投资公司所安装的油烟设备所产生的震动、噪声和油烟对杨某柳构成侵权。虽然在本案审理过程中，投资公司对油烟设备进行了整改，但仍有震动、噪声和油烟，根据《中华人民共和国侵权责任法》第六十六条规定，对投资公司的整改油烟设备是否达标的举证责任仍由投资公司承担，但其投资公司未能就整改后已达到国家规定的标准进行举证证明，应视为其举证不能。投资公司通过整改，油烟设备产生的震动、噪声和油烟有所改善，据此可以证明通过整改的方式可以降低环境污染，故无须拆除已安装的油烟设备。杨某柳主张要求赔偿其房屋租金损失，但其没有提供证据予以证实，不予支持。对于杨某柳主张的精神损失费问题，因投资公司安装的油烟设备产生震动、噪声和油烟，致使杨某柳无法入睡，侵害了杨某柳的人身权益，造成相应的精神损失，故对杨某柳要求赔偿精神损失费的诉求，予以支持。

广西壮族自治区桂林市七星区人民法院依照《中华人民共和国民法通则》第一百二十四条，《中华人民共和国侵权责任法》第二十二条、第六十五条、第六十六条，《中华人民共和国民事诉讼法》第六十四条第一款，《最高人民法院关于适用〈中华人民共和国民事诉讼法〉的解释》第九十条第二款规定，判决如下：

一、投资公司在本判决生效之日起六十日内对涉案房屋屋面平台上3套油烟设备采取相应的减轻震动、隔声降噪，以及完善油烟设备的排烟口等措施，使杨某柳房屋的震动、噪声和油烟达到国家标准、行业标准或者通常标准；

二、投资公司赔偿杨某柳精神损失费5000元；

三、驳回杨某柳的其他诉讼请求。

投资公司不服一审判决，提出上诉。广西壮族自治区桂林市中级人民法院经审理认为：1. 一审法院根据杨某柳的诉讼请求及庭审查明的事实将本案确定为环境污染责任纠纷正确。2. 投资公司虽然不是污染物的直接排放者，但其作为开发商，将房屋销售给杨某柳，并在屋顶安装了涉案油烟设备，系涉案油烟设备的安装者和所有者，涉案油烟设备是否符合国家标准以及如何安装直接决定了杨某柳是否会遭受环境污染，因此，投资公司是本案适格被告。3. 争议双方均同意就涉案油烟设备产生的噪声等级、振动和油烟浓度进行检测鉴定，以证明涉案油烟设备产生的噪声、振动和油烟浓度是否符合国家标准。但因本案是环境污染责任纠纷，适用举证责任倒置原则，因投资公司在规定期限内未预交申请鉴定费用，整改后是否符合环境标准仍无法确定，一审责令投资公司整改并赔偿损失并无不当。

广西壮族自治区桂林市中级人民法院依据《中华人民共和国民事诉讼法》第一百七十条第一款第一项规定，判决如下：

驳回上诉，维持原判。

【法官后语】

在经济高速发展的今天，环境侵权所导致的精神损害已不容小觑。我国立法虽未对环境侵权造成的精神损害赔偿作出专门规定，但并不意味着环境侵权产生的精神损害不受保护。本案中，杨某柳所购买的房屋屋面平台装有油烟设备3套，设备运转所产生的震动、噪声及油烟，已经严重影响其正常生活。符合《中华人民共和国民法典》第一千一百八十三条规定的“侵害自然人人身权益造成严重精神损害的，被侵权人有权请求精神损害赔偿”的适用情形。本案一、二审法院判令侵权人整改设备，并支持被侵权人关于精神损害赔偿的主张，为精神损害赔偿在环境侵权纠纷中的司法适用，提供了一个重要的分析样本。

一、如何正确认定环境侵权产生的精神损害

我国法律并未明确“精神损害”的含义，导致实务中对“精神损害”的认定常常限缩理解为肉体痛苦引发的精神痛苦。例如，认为环境侵权致病的情形下才存在精神损害。然而，环境侵权的特点恰恰在于其损害后果具有隐蔽性，有大量精神痛苦独立于肉体痛苦存在，例如光污染导致的倦怠无力等。因此，不能忽视环境侵权产生的纯粹精神损害，从而避免将本应予以救济的环境精神损害排除在外。正确认定环境精神损害应把握以下两方面：第一，环境精神损害必须基于对人身权益的损害，从而排除财产损害。例如，因水污染致非特定的养殖鱼死亡，不能主张精神损害赔偿，可以行使物上请求权索赔。第二，环境精神损害中的精神痛苦不以肉体痛苦为前提。例如，大气污染导致白血病会产生精神损害，但未导致白血病时也可能产生精神损害，如食欲不振、精神萎靡等。这些不依附于肉体痛苦而产生的精神痛苦，也应纳入精神损害的范围。本案中，杨某柳长期遭受震动、噪声及油烟的损害，虽未造成身体疾病，但其多次要求整改并向相关部门投诉、举报，足以表明其因环境侵权遭受了难以忍耐的精神痛苦，明显属于应予保护的精神损害。

二、如何正确认定环境侵权产生的精神损害的程度

根据《中华人民共和国民法典》第一千一百八十三条的规定，只有造成“严重精神损害”，被侵权人才有权请求精神损害赔偿。但何为“严重精神损害”以及如何认定“严重精神损害”，法律及司法解释均没有具体规定。从司法实践看，由于法律规范一再强调“严重”，严重性标准已经阻碍许多被侵权人请求精神损害赔偿，不少案例均以被侵权人无法证明达到严重精神损害为由，不予支持精神损害赔偿。对精神损害严重程度的限缩认定已经逐步偏离精神损害赔偿制度的立法原意。正确认定严重精神损害，可以通过以下三步进行考量：第一，精神损害的产生并未超出日常生活经验法则。环境精神损害难以鉴定或证明，但若是符合生活常识，应当予以认定。例如长期饮用污染水或吸入有害气体，必然会对人的身心健康造成影响，由此主张存在精神损害符合常理。第二，精神损害超出一般人的容忍限度。环境污染具有原因行为的价值性，在损害他人权益的同时，还会创造一定的社会价值，因此应在一定限度内容忍。考虑到精神损害程度因个体心理承受能力而存在差异，因此应以常人容忍限度作为标准。例如地铁运营必然会对周边居民产生噪声影响，但在非休息时段内的运营，不足以对一般人造成难以忍受的精神痛苦，不应认定构成严重精神损害。第三，停止侵害、消除影响、赔礼道歉等方式明显不足以救济被侵权人。精神损害一旦发生，具有不可逆性，无法从根本上填平损害，精神损害赔偿只是救济方式之一，主要起到抚慰作用。因此，只有在停止侵害、消除影响、赔礼道

歉等具有抚慰性质的救济方式仍不足以救济时，才能认定存在严重精神损害并适用精神损害抚慰金。

三、如何合理确定环境精神损害的赔偿数额

《最高人民法院关于确定民事侵权精神损害赔偿责任若干问题的解释》并未对精神损害的赔偿数额作出具体规定，而是通过第五条列举了赔偿数额应予考量的因素。由于缺乏清晰、明确的认定标准，环境侵权中的精神损害赔偿数额高度依赖法官的自由裁量权，容易导致同案异判。

根据多地高院制定的指导意见，环境精神损害赔偿一般不得超过5万元，少数地区规定不得超过10万元。首先，结合大量司法案例将赔偿数额确定在1万元以下的实践经验，参考《关于审理国家赔偿案件确定精神损害赔偿责任适用法律若干问题的解释》对赔偿数额采用“比例酌定+最低限额”的计算方法，环境侵权案件在确定赔偿数额时，可以根据损害程度，在不同的限额范围内确定赔偿数额：1. 损害后果最严重的死亡，其精神损害赔偿数额不低于5万元；2. 虽未造成死亡，但导致被侵权人患病或存在生理代偿状态等对健康有显性损害的，赔偿数额在1万~5万元；3. 生理变化不明显或没有生理变化（如抑郁、焦虑）等对健康有潜在影响的，赔偿数额在1000元至1万元之间。精神损害赔偿数额不应低于1000元，这是由于精神损害的严重性标准已经过滤掉了不应予以赔偿的轻微精神损害，因此应设置最低限额。其次，分级限额并非绝对限额，环境精神损害的主观性和个体差异性决定了赔偿数额的认定仍应以法官自由裁量为主，但应充分参考分级限额，以保证类案的相对类判。最后，由于精神损害无法真正被填平，因此在确定赔偿数额时应客观考虑赔偿数额是否足以抚慰被侵权人。本案中，被侵权人遭受的精神损害属于生理变化不明显的情形，判赔数额应在1000元至1万元之间，其诉请5000元并未超出这一限额，法院判决完全支持其提出的赔偿数额，亦足以抚慰其所遭受的精神损害。

编写人：广西壮族自治区高级人民法院　张蕾

27

环境污染责任案件的审理程序和不同主体的责任承担形式

——某环保联合会诉纸业公司、地质工程勘察研究院环境污染责任案

【案件基本信息】

1. 裁判书字号

山东省淄博市中级人民法院（2019）鲁03民初119号民事判决书

2. 案由：环境污染责任纠纷

3. 当事人

原告：某环保联合会

被告：纸业公司、地质工程勘察研究院

【基本案情】

2018年10月，生态环境管理部门对纸业公司进行现场检查时，发现该公司将污水处理厂污泥堆填在某村砖瓦厂废弃的窑湾内，且该填埋区域未按照环评要求铺设防渗地膜。地质工程勘察研究院曾在纸业公司尚未对涉案环境污染进行处置和修复的情况下出具《评估报告》。后经生态环境部南京环境科学研究所检验分析，堆填的污泥属于固体废物。土壤存在pH污染，污染范围主要集中在西南侧建设用地范围。地下水中总硬度、溶解性总固体、硫酸盐、氯化物、耗氧量和挥发酚整体浓度与上游对照点相当。

2019年6月，纸业公司开始对场地的固废进行无害化处理，用于烧结制造砖，当地政府启动了填埋固体废物清挖及异位综合利用及规范填埋工作。纸业公司委托某新型材料有限公司、某建材有限公司、某环境科技有限公司等，对

填埋固废进行清挖和无害化处置。2020年11月，窑湾堆填污泥清挖和处置工作结束。山东共享环境管理咨询有限公司出具固体废物清挖效果评估报告和专家评审意见，证明被污染的土壤、地下水等均符合当地土壤和地下水的要求，某环保联合会对于涉案场地固废已清理完毕、所涉土壤无需再修复予以认可。

【案件焦点】

1. 某环保联合会是否具备诉讼主体资格；2. 纸业公司是否实施了生态环境损害行为、某环保联合会的诉求应否予以支持；3. 地质工程勘察研究院是否存在出具虚假报告行为，应否在本案中承担相关责任。

【法院裁判要旨】

山东省淄博市中级人民法院经审理认为：关于某环保联合会的诉讼主体资格问题。结合该联合会提交的章程、法人登记证书、无违法记录声明、工作报告书显示，某环保联合会是在中华人民共和国民政部登记的社会团体法人，其在提起本案公益诉讼前五年年检合格，且提交了五年内未因从事业务活动违反法律、法规的规定而受到行政、刑事处罚的无违法记录声明。某环保联合会具备提起环境民事公益诉讼的主体资格。

关于纸业公司是否实施了生态环境损害行为、某环保联合会的诉求应否予以支持的问题。本案相关污染特性分析报告、场地环境质量调查报告、综合处置可行性研究方案等，均证实纸业公司实施了污染环境、破坏生态的行为，且污染环境、破坏生态的行为与生态环境损害之间具有关联性，应承担停止侵害、消除危险、恢复原状、赔偿损失、赔礼道歉等民事责任。鉴于纸业公司提供的山东共享环境管理咨询有限公司出具的评估报告和专家评审意见，证实其已对非法填埋污泥造成环境污染进行了无害化处理，排除了污染环境的危险，同时对污染的土壤、地下水等进行了修复。经专家评估，被污染的土壤、地下水等均符合当地土壤和地下水的要求。故某环保联合会停止侵害，清理污泥并进行合法处置，治理修复地下水等诉讼请求均已实现，法院不再予以支持。关于某环保联合会要求纸业公司承担生态环境受到损害至恢复原状期间服务功能损失费用的问题。依据法律规定，人民法院受理因同一损害生态环境行为提起的生态环境损害赔偿诉讼案件和民事公益诉讼案件，待生态环境损害赔偿诉讼案件审理完毕后，就民事公益诉讼案件未被涵盖的诉讼请求依法作出裁判。因判令纸业公司支付服务功能损失费用1109371.2元的诉求在淄博市生态环境局诉纸业公司生态环境损害赔偿纠纷案件中已予以支持，故在本案中不再予以处理。

关于地质工程勘察研究院是否存在出具虚假报告行为，应否在本案中承担相关责任的问题。根据山东省生态环境厅发布的相关调查情况，地质工程勘察研究院在纸业公司尚未对涉案环境污染进行处置和修复的情况下出具《评估报告》，存在出具失实评价文件的行为，地质工程勘察研究院应当对其出具失实评价文件造成的损害承担相应责任。因纸业公司已对非法填埋污泥造成环境污染进行了无害化处理，排除了环境污染的危险，故不再判令地质工程勘察研究院对涉案地处置、修复费用承担赔偿责任。确认地质工程勘察研究院将其收取纸业公司的评估费用12万元缴纳至淄博市生态环境损害赔偿资金账户内，用于涉案环境治理。

山东省淄博市中级人民法院依照《中华人民共和国环境保护法》第五十八条、第六十五条，《最高人民法院关于审理环境民事公益诉讼案件适用法律若干问题的解释》第二条、第十八条、第二十二条，《最高人民法院关于审理环境侵权责任纠纷案件适用法律若干问题的解释》第十条、第十六条，《最高人民法院关于审理生态环境损害赔偿案件的若干规定（试行）》第十七条，《中华人民共和国民事诉讼法》第三十九条第一款、第五十五条、第一百三十三条规定，判决如下：

一、纸业公司于本判决生效后十日内向某环保联合会支付律师费、差旅费3万元；

二、地质工程勘察研究院于本判决生效后十日内将收取的评估费12万元缴纳至淄博市生态环境损害赔偿资金账户；

三、驳回某环保联合会的其他诉讼请求。

【法官后语】

生态环境保护问题关系重大，为维护生态环境，法律赋予有关行政机关和社会组织民事诉讼主体资格，以更好地保护生态环境。法院在审理环境污染责任案件时，应当更加注重司法效果，正确处理生态环境损害赔偿诉讼和环境民事公益诉讼的审理程序问题，注重不同主体责任承担形式问题，以充分发挥生态环境司法保护职能。

1. 同一损害生态环境行为引起的生态环境损害赔偿诉讼案件和民事公益诉讼案件同时裁判。在案件的审理过程中，淄博市生态环境局于2019年9月5日对被告纸业公司提起生态环境损害赔偿诉讼，请求判令被告立即停止违法污染环境的行为，并通过当地媒体向公众赔礼道歉；判令被告承担修复环境、消除风险费用，赔偿服务功能损失费和律师费等合理支出。《最高人民法院关于审理生态环境损害赔偿案件的若干规定（试行）》第十七条规定，人民法院受理因同一损害生态环境行为提起的生态环境损害赔偿诉讼案件和民事公益诉讼案件，待生态环境损害赔偿诉讼案件审理完毕后，就民事公益诉讼案件未被涵盖的诉讼请求依法作出裁判。但鉴于环境类案件的特殊性，生态环境修复治理的紧迫性、两起案件诉求的重合性，法院将这两起案件的现场调查、诉中修复治理、协调督促工作同时进行。最终，法院对生态环境局提起的案件判决被告承担公开赔礼道歉、消除影响、赔偿服务功能损失费和律师费的责任，同时对本案未重合诉求作出裁判，提高生态环境司法保护的效率。

2. 环境污染责任的承担形式多样化，判决被告承担赔礼道歉、消除影响等责任。在生态环境局提起的生态环境损害赔偿案件中，法院判决被告纸业公司在当地媒体公开赔礼道歉、消除影响。被告纸业公司虽然主动停止了污染行为，修复了生态环境，消除了污染风险，但其污染环境的行为确实导致了严重的后果，对当地环境造成了恶劣的影响。故判令其承担赔礼道歉消除影响的责任，时刻提醒纸业公司在以后的生产经营中注意保护环境，警示其他社会企业和个人，牢记发展经济的同时确保生态环境不受损害。此外，也能消除社会大众对淄博生态环境的不良印象，进一步优化营商环境，推进经济社会可持续发展。

3. 诉中修复治理取代判决后支付修复费用，最大限度减少对生态环境的污染。在环境污染责任纠纷案件中，通常会判决责任人承担停止侵害、依法治理、排除危险、缴纳修复费用等责任。本案在审理过程中，法院即督促责任人对非法填埋的25万平方米污泥进行了无害化处理，排除了环境污染的风险，同时对污染的土壤和地下水进行了修复，并由当地政府委托专门的环境管理咨询公司进行了评估，评估结果显示被污染的土壤、地下水等均符合当地土壤和地下水的要求，公益诉讼起诉人亦认可涉案固废清理完毕，环境无须再进行修复。与案件审理结束后判决缴纳修复费用相比较，诉中即督促污染责任人完成修复治理，一方面能尽量缩短环境污染的持续时间，减轻对生态环境的损害；另一方面责令污染责任人主动修复，利用污染责任人更熟悉污染的情况、更有修复治理积极性，能够取得事半功倍的效果。同时，污染责任人修复治理的过程也是对其的一次警示教育，有利于杜绝类似行为的发生。

4. 退还评估费用至生态环境损害资金账户用于环境治理，是对环评机构出具失实评价文件的责任承担形式的探索。《中华人民共和国环境保护法》第六十五条规定："环境影响评价机构、环境监测机构以及从事环境监测设备和防治污染设施维护、运营的机构，在有关环境服务活动中弄虚作假，对造成的环境污染和生态破坏负有责任的，除依照有关法律法规规定予以处罚外，还应当与造成环境污染和生态破坏的其他责任者承担连带责任。"环评机构在生态环境保护中承担着重要的责任，环境污染行为对环境的污染程度如何，环境污染行为是否已经停止，应当采取何种修复治理措施，修复治理费用几何，修复治理效果等都需要专业的环评机构进行评估，故环评机构评价的真实性直接关系法院判决结果的公正性和生态环境保护效果。环评机构若出具失实评价文件，危害巨大，应当对其进行处罚并判令其与造成环境污染和生态破坏者承担连带责任。本案中，被告地质工程勘察研究院存在出具失实评价文件的行为，应当承担连带责任。但在本案中，侵权人在诉讼过程中即对生态环境进行了修复，故法院不再判令其承担修复费用，也就无法判令环评机构对修复费用承担连带责任。故创新性地判决被告地质工程勘察研究院在其前期收取被告纸业公司评估12万元范围内对涉案环境侵权承担赔偿责任，判决其将收取的评估费用缴纳至淄博市生态环境损害赔偿资金账户内，用于淄博地区生态环境治理。这一做法既惩治了环评机构的行为，又促进了当地生态环境保护，是一有益的创新举措。

编写人：山东省淄博市中级人民法院　陈燕萍　刘雪丽　王惠越

28

化工企业将危险废物交不具备资质的主体非法处置造成生态环境污染应当承担责任

——某市人民政府诉化工公司环境污染责任案

【案件基本信息】

1. 裁判书字号

最高人民法院（2021）最高法民申5845号民事裁定书

2. 案由：环境污染责任纠纷

3. 当事人

原告（被上诉人、再审被申请人）：某市人民政府

被告（上诉人、再审申请人）：化工公司

【基本案情】

化工公司是生产三氯乙酰氯的化工企业，副产酸为盐酸。2017年12月至2018年3月，吴某勋、翟某花预谋后，租用白某廷的搅拌站，由吴某勋与徐某华、徐某超（均另案处理）联系，让李某兵驾驶豫ND10××号危险品罐车，从化工公司运输酸液到白某廷搅拌站共27车，每车装载约13吨。吴某勋、翟某花、白某廷、李某兵将4车废酸液直接排放到某县回×沟，又将23车废酸液存

放到白某廷搅拌站内的玻璃钢罐内，白某廷将其中 6 车废酸液与石沫进行搅拌中和后作为修路材料出售，吴某勋、翟某花、白某廷、李某兵将剩余 17 车废酸液排放到回×沟，致使回×沟及金×河岳×庄段严重污染。某县生态环境局委托某环保公司进行应急处置，应急处置费用 138.9 万元。2019 年 11 月，某市人民政府委托检测技术公司对“关于被告人吴某勋等四人污染环境一案”涉及的回×沟和金×河损害进行价值评估，支付评估费 8 万元，检测技术公司出具的损害价值评估报告确定回×沟和金×河环境损害价值量化数额为 4047394 元。某市人民政府先后于 2020 年 1 月 8 日、15 日两次召开会议，与化工公司就生态环境损害赔偿进行磋商，未达成一致意见。某市人民政府提起诉讼，请求赔偿应急处置费用、环境损害价值和评估费用共计 5516394 元等。

【案件焦点】

1. 某市人民政府是否为本案的适格原告；2. 某市人民政府提起本案诉讼前进行的磋商程序是否合法；3. 化工公司是否应当承担生态环境损害赔偿责任。

【法院裁判要旨】

河南省濮阳市中级人民法院经审理认为：化工公司作为长期从事化工产品生产企业，明知其生产过程中产生的副产酸具有高度危险性，不当处置极易造成环境污染，应对此尽高度审慎注意义务，转移过程应当办理报批，接受生态环境部门的监管，并按照国家法律、法规交由有处理资质的机构进行处置，避免对生态环境造成损害或者形成生态环境损害的重大风险。化工公司违反《中华人民共和国固体废物污染环境防治法》的规定，违规转移危险废物，脱离国家监管，将危险废酸采用补贴销售的方式交由无资质的人员非法处置，放任生态环境损害事件发生，最终导致全市境内水体生态环境严重污染，某市人民政府在磋商未果的情况下，依法提起诉讼，于法有据，化工公司应承担相应的赔偿责任。《中华人民共和国环境保护法》第五条规定了保护优先、预防为主、综合治理、公众参与、损害担责的环境保护原则。生态环境损害赔偿纠纷应当注重采取有利于防治污染的司法政策，实现修复环境、预防污染的立法意图，使环境保护同经济建设、社会发展相协调，促进经济社会的可持续发展，满足人民群众对美好生态环境的需求。目前，化工企业产生大量副产危险化学品，这些副产危险化学品无序流转，造成极高的环境污染风险，需要采取预防措施以避免污染再次发生。鉴于本案损害价值评估采用虚拟治理成本法，若化工公司能够积极参与濮阳市域内生态环境治理，并汲取教训实施副产酸的循环利用、无害化处理，加大科技投入和技术改造，实现副产酸减量化、再利用和资源化，从源头预防副产酸污染环境，亦符合生态文明建设的最终要求，酌定该公司参与生态环境治理、技术改造、购买环境责任保险等事项的投入费用，可在本案环境损害赔偿费一定额度内按比例折抵。

黄河流域的生态保护和高质量发展，必须坚持绿水青山就是金山银山的理念，不断强化生态优先、绿色发展的意识，抓好大保护，加强生态保护治理。生态环境损害赔偿制度以“环境有价、损害担责”为逻辑起点，做到“应赔尽赔”，致力于破解“企业污染、群众受害、政府买单”的困局，强化生产者环境保护法律责任，大幅度提高环保违法成本，人民法院必须夯实司法责任，保障黄河流域生态保护和高质量发展这一重大国家战略。

本案系河南省首例由市地级人民政府作为原告提起的生态环境损害赔偿案件，受污染的河流更是黄河下游重要的支流。黄河流经某市 167.5 公里后，在台前县进入化工公司的注册地山东省。某市人民政府对业已确定的损失提起诉讼，依法应予支持；对于未提起诉讼的其他本案审理时未发现的生态环境损失，有权提起民事公益诉讼的机关或社会组织、有权提起生态环境损害赔偿诉讼的主体可依据《最高人民法院关于审理生态环境损害赔偿案件的若干规定（试行）》第十八条的规定另行起诉。某市人民政府虽未诉请化工公司赔礼道歉，但化工公司负有污染防治的义务和社会责任，应主动赔礼道歉，以警示其他企业，提升全社会生态环境保护意识。

河南省濮阳市中级人民法院依照《中华人民共和国侵权责任法》第十五条第一款第六项、第六十五条、第六十六条，《中华人民共和国水污染防治法》第三十三条第一款，《中华人民共和国固体废物污染环境防治法》第七十九条、

第八十条、第八十二条、第一百二十五条，《中华人民共和国环境保护法》第五条、第六条第三款、第六十四条，《最高人民法院关于审理生态环境损害赔偿案件的若干规定（试行）》第一条、第五条、第七条、第八条、第十四条、第十八条、第十九条规定，判决如下：

一、化工公司于本判决生效后三十日内赔偿市政府应急处置费1389000元、评估费80000元；

二、化工公司赔偿某市人民政府环境损害赔偿费4047394元，于本判决生效后三十日内支付该项费用的50%，即2023697元；

三、本判决书生效之日起一年内，化工公司为回×沟及金×河流域生态环境污染预防之目的，征得某市人民政府同意后，积极参与相关水域生态环境治理工程，其支出的费用经第三方机构审计后报濮阳市中级人民法院核准，可申请抵扣本判决第二项剩余的环境损害赔偿费2023697元，最高抵扣不超过该额度的50%；

四、本判决书生效之日起一年内，化工公司通过技术改造对生产过程中产生的副产酸进行降产、无害化处理，经第三方评估明显降低环境风险，且一年内没有因环境违法行为受到处罚的，其用于技术改造的费用可以凭山东省聊城市环保行政主管部门出具的企业环境守法情况证明、项目竣工环保验收意见和具有法定资质的中介机构出具的技术改造投入资金审计报告，向濮阳市中级人民法院申请抵扣本判决第二项剩余的环境损害赔偿费2023697元，最高抵扣不超过该额度的40%；

五、本判决书生效之日起一年内，化工公司用于购买环境污染责任险的保险费可向濮阳市中级人民法院申请抵扣本判决第二项剩余的环境损害赔偿费2023697元，最高抵扣不超过该额度的10%；

六、本判决书生效届满一年时，上述第三项至第五项未能抵扣的环境损害赔偿费，化工公司仍需履行，于届满之日起三十日内支付；

七、责令化工公司在本判决生效后，建章立制，规范副产品销售及无害化处置，本判决书生效之日起一年内，每6个月向山东省聊城市环保行政主管部门报告其上述事项，并将报告事项报濮阳市中级人民法院备案审查，如不报告、备案，上述第三项至第五项费用将不予抵扣。

化工公司不服一审判决，提起上诉。

河南省高级人民法院依照《中华人民共和国民事诉讼法》第一百七十条第一款第一项规定，判决如下：

驳回上诉，维持原判。

化工公司不服二审判决，申请再审。

最高人民法院依照《中华人民共和国民事诉讼法》第二百零四条第一款，《最高人民法院关于适用〈中华人民共和国民事诉讼法〉的解释》第三百九十五条第二款规定，裁定如下：

驳回化工公司的再审申请。

【法官后语】

本案是一起由省辖市政府作为原告提起的生态环境损害赔偿案件，判决创新运用责任承担方式，引导污染企业参与生态环境保护，实现了法律效果、社会效果和政治效果的有机统一，为同类案件审理树立了标杆。

一、生态环境损害赔偿诉讼制度的含义及内容

为破解“企业污染、群众受害、政府买单”难题，国家建立生态环境损害赔偿诉讼制度，充分体现了法治思维，对加强国家利益、社会公共利益保护力度，推进环境治理体系和治理能力现代化具有重要意义。根据中央和国务院《生态环境损害赔偿制度改革方案》要求，赔偿权利人必须是省、市地级人民政府及其指定的相关部门、机构，或者受国务院委托行使全民所有自然资源资产所有权的部门，并且，案涉污染专属于原告辖区管辖。赔偿权利人提起生态损害赔偿诉讼时应当遵守法定程序，即应当完成生态环境损害调查、鉴定评估、制定初步修复方案，向赔偿义务人送达生态环境损害磋商建议书，进行磋商时应当在生态环境损害鉴定评估专家、律师以及检察院派出人员参与下进行，共同就损害的事实和程度、修复采用方案、启动时间和期限、赔偿责任承担方式和期限等具体问题进行磋商，在磋商不成或者赔偿义务人拒绝磋商的情况下，赔偿权利人才可以提起诉讼。

二、生态环境损害赔偿责任的认定

在生态环境损害赔偿诉讼中，判断赔偿义务人应否承担赔偿责任，关键在于两点：一是赔偿义务人是否违反国家规定，比如，未取得排污许可证就进行排污，将危险化学品交由没有处置资质的单位非法处置造成环境污染等。二是赔偿义务人的行为与生态环境污染是否具有因果关系。赔偿权利人对侵权行为和损害后果之间具有关联性承担举证责任，由侵权人对不存在因果关系承担举证责任。本案涉化工企业处置危险废物问题，根据法律规定，处置危险废物需要具有相应的资质，如果化工企业将危险废物交由不具备处置资质的单位或者个人非法处置，是放任危险废物污染环境，不具备处置资质的单位和个人非法处置危险废物造成环境污染，赔偿权利人只需要证明危险废物被非法处置，以及危险废物污染了生态环境，即完成了举证责任，如果化工企业不能证明其行为与环境污染损害后果不存在因果关系，就应当认定化工企业的行为与环境污染损害具有事实上和法律上的因果关系。本案中，化工公司明知吴某勋、翟某花等人没有处置危险废物的资质，仍然提供副产盐酸并放任副产盐酸被非法处置污染环境，属于在防范副产盐酸对环境污染损害方面的不作为。吴某勋、翟某花等人将副产盐酸非法倒入回×沟造成环境污染，化工公司的行为与案涉环境污染损害结果之间具有因果关系，应当承担相应的法律责任。化工公司未能提供充分的证据证明其存在法律规定的不承担责任或者减轻责任的情形，也未能证明其行为与案涉污染损害结果之间不存在因果关系，化工公司对案涉环境污染应当承担相应的法律责任。

三、审理生态环境损害赔偿案件应当树立系统观念

系统观念要求从系统和全局角度推进生态环境治理，统筹兼顾、整体施策、多措并举。人民法院审理生态环境损害赔偿案件也应树立系统观念，从全局考虑保护、修复生态环境，不能片面地强调损害赔偿，而不考虑生态环境的保护和修复；也不能片面地强调司法保护生态环境的功能，忽视行政机关以及社会公众在生态环境保护方面的主导作用。人民法院应当通过司法促进生态环境系统保护和治理，让全社会共同参与，形成强大的整体合力。就

本案来讲，判决方式不仅有重大创新，而且充分体现了系统观念。如判决被告参与生态环境治理、技术改造、购买环境责任保险的费用在一定额度内折抵赔偿费用，充分体现了系统观念，能够引导企业积极参与生态环境保护，而不是简单地让企业承担赔偿责任。再如，由涉事企业所在地的行政机关监督企业，能够有效推进司法机关与行政机关的横向协作和黄河生态环境流域整体保护，形成上下游、干支流、左右岸协同保护的整体合力，为司法保护生态环境提供了强大支持。判决方式的重大创新，不仅在于个案的意义，而且本案的审理对于同类化工行业规范危险副产品无害化处置具有重要的教育示范意义，对潜在违法者具有重大的震慑和警示效果，并且能够引领广大群众自觉参与到生态环境保护中来，在全社会形成保护环境、爱护生态的良好氛围。

编写人：河南省高级人民法院　杨巍　董亚伟

29

小区开发商需对交付使用的电梯噪声污染承担责任

——郭某麟诉房地产公司噪声污染责任案

【案件基本信息】

1. 裁判书字号

江西省吉安市中级人民法院（2020）赣08民终361号民事判决书

2. 案由：噪声污染责任纠纷

3. 当事人

原告（被上诉人）：郭某麟

被告（上诉人）：房地产公司

【基本案情】

2015 年 5 月 20 日，郭某麟购买了房地产公司的“某・环湖湾”小区 A 栋楼某房屋，于 2017 年 2 月入住。因电梯噪声，郭某麟于 2019 年 4 月 26 日委托检测技术公司对案涉房屋书房进行环境噪声检测。该公司同年 5 月 8 日出具检测报告显示：噪声确已超过《声环境质量标准》（GB3098-2008）标准附录 C 噪声敏感建筑物监测方法第 0.2 条规定的标准。据此，郭某麟诉至法院，请求判令房地产公司对环湖湾小区 A 栋楼电梯采取隔声降噪减震措施，使电梯运行产生的噪音在郭某麟所有的案涉房屋达到国家标准之内；支付检测费用 2000 元；支付精神损害赔偿费 1 万元等。房地产公司应诉后认为检测技术公司系郭某麟单方委托，不能作为本案定案依据，于同年 9 月 17 日递交鉴定申请书，要求对电梯运行噪声是否超出国家标准进行鉴定，但该鉴定因房地产公司未交纳鉴定费用而终止。

【案件焦点】

房地产公司应否承担噪声污染责任。

【法院裁判要旨】

江西省吉安市吉州区人民法院经审理认为：本案是因住宅小区电梯运行产生噪声污染引起的噪声污染责任纠纷。本案中，噪声检测区位于案涉房屋的书房，根据《声环境质量标准》（GB3098-2008）标准附录 C 噪声敏感建筑物监测方法第 0.2 条的规定，应采用较限值低 10 dB（A）的值作为评价依据，即以昼间 45 dB（A），夜间 35 dB（A）为评价标准。据原告提供的检测报告显示，案涉房屋检测结果昼间为 47.2dB（A），夜间为 44.3dB（A），均超过标准。被告因未及时交纳鉴定费导致鉴定终止，应对此承担不利的法律后果，本院对原告提供的检测报告结果予以采信。被告作为涉案小区的开发企业，应当承担噪声污染侵权责任，对电梯运行采取隔声降噪措施，使其运行时发出的噪声不超过国家规定的环境噪声排放标准，至于具体采取何种措施减少噪声，由被告自行决定。被告应负担原告支付的噪声检测费 2000 元。关于精神损害抚慰金的问题。《最高人民法院关于确定民事侵权精神损害赔偿责任若干问题的解释》第八条第一款规定，因侵权致人精神损害，但未造成严重后果，受害人请求赔偿精神损害的，一般不予支持，人民法院可以根据情形判令侵权人停止侵害、恢复名誉、消除名誉、消除影响、赔礼道歉。原告未提供证据证实其因噪声造成了严重后果，故其主张被告支付精神抚慰金 1 万元的诉讼请求，不予支持。

江西省吉安市吉州区人民法院依据《中华人民共和国环境噪声污染防治法》第四十一条、第六十一条第一款，《中华人民共和国侵权责任法》第六十五条，《中华人民共和国民事诉讼法》第六十四条第一款规定，判决如下：

一、房地产公司于本判决生效之日起三十日内对安装在“某·环湖湾”小区 A 栋楼电梯设备采取隔声降噪措施，使其运行时发出的噪声不超过国家规定的环境噪声排放标准；

二、房地产公司于本判决生效之日起十日内支付原告郭某麟噪声检测费 2000 元；

三、驳回原告郭某麟的其他诉讼请求。

房地产公司不服一审判决，提起上诉。

江苏省吉安市中级人民法院同意一审法院的裁判意见。

【法官后语】

20 世纪末，噪声以工业噪声为主，随着我国经济社会的发展以及人们生活方式的变化，一系列新的噪声源急需被纳入法律约束范围。截至 2020 年年底，全国在用电梯已高达近 800 万台，在成为楼宇间不可或缺的交通工具的同时，针对电梯噪声污染的投诉也越来越多。电梯噪声问题主要是由于房地产建设设计、施工等缺陷。随着民众法治意识及健康意识的不断增强，有关电梯噪声诉讼越来越多。

一、住宅电梯运行噪声构成环境噪声污染

根据《中华人民共和国环境噪声污染防治法》第二条第二款规定，噪声污染的认定需要具备两个要件：一是所产生的环境噪声超过国家规定的环境噪声排放标准；二是噪声排放者排放的噪声干扰他人正常生活、工作和学习。由于

《中华人民共和国环境噪声污染防治法》未规定居民楼内为本楼居民日常生活提供服务而设置的设备（如电梯、水泵、变压器等设备）产生噪声适用的环保标准，故相关纠纷的争议焦点集中于涉案电梯所产生噪声应适用何种评价标准。《声环境质量标准》（GB3098-2008）规定，噪声敏感建筑物指医院、学校、机关、科研单位、住宅等需要保持安静的建筑物；第4条规定：1类声环境功能区：指以居民住宅、医疗卫生、文化教育、科研设计、行政办公为主要功能，需要保持安静的区域；第5.1条规定：1类环境噪声限值为：昼间55 dB（A），夜间45 dB（A）。故，本案裁判认为，在国家尚无明确的居民楼内电梯噪声标准的情况下，当电梯等楼内设备在运行过程中所产生的低频噪声确实对楼内居民造成噪声影响时，从依法保护公民权利的角度出发，可以参照适用《声环境质量标准》（GB3098-2008）作为检测及评价依据。《中华人民共和国民法典》第一千二百二十九条规定，因污染环境、破坏生态造成他人损害的，侵权人应当承担侵权责任。受到环境噪声污染危害的单位和个人，有权要求加害人排除危害。2021年12月颁布、2022年6月5日起施行的《中华人民共和国噪声污染防治法》已将电梯噪声纳入管控范围。因而，本案参照适用《声环境质量标准》（GB3098-2008）作为检测及评价依据，既守护了公众的“安静权”，也符合《中华人民共和国民法典》《中华人民共和国噪声污染防治法》的规定。

二、房地产开发商应对其设计、选购、安装电梯产生的噪声污染承担侵权责任

《中华人民共和国民法典》第一千二百二十九条规定：“因污染环境、破坏生态造成他人损害的，侵权人应当承担侵权责任。”电梯噪声的产生分两种情况，一种是电梯运行中所产生的环境噪声，另一种则是电梯的共振，其中包含常见的低频振动噪声。电梯共振噪声的成因有许多，需从设计源头一一避免，房地产开发企业作为房屋开发建设主体，对其开发建造的住宅建筑及配套设施负有安全保障义务，电梯作为高层建筑物的一部分，属于建筑物的共有部分，由房地产开发企业招标、建设，其应保证所选定的设施不对业主产生噪声污染，并承担产生噪声污染后的隔音降噪义务。《中华人民共和国噪声污染防治法》

第六十八条对此予以确认，规定居民住宅区安装电梯、水泵、变压器等共用设施设备的，建设单位应当合理设置，采取减少振动、降低噪声的措施。因此，房地产开发企业在开发建设房屋时，应对电梯进行合理设计、选购、安装等，以保证电梯日后运行中产生的噪声符合国家相关标准，且不对居民产生噪声污染，该环境保障义务不能简单地通过房屋买卖而转移给业主。故本案裁判确认房地产开发商应对其设计、选购、安装电梯产生的噪声污染承担侵权责任，符合法律规定。被告试图以电梯安全性能的达标来否认电梯噪声污染，属于偷换概念，即便是电梯能够安全运行，但电梯的噪声污染使业主的权益遭受损害，业主亦可就此向开发商主张权利。

三、住宅电梯噪声污染侵权行为的举证责任分配

《中华人民共和国民法典》第一千二百三十条规定："因污染环境、破坏生态发生纠纷，行为人应当就法律规定的不承担责任或者减轻责任的情形及其行为与损害之间不存在因果关系承担举证责任。"《最高人民法院关于审理环境侵权责任纠纷案件适用法律若干问题的解释》（2015 年）第六条①规定："被侵权人根据侵权责任法第六十五条规定请求赔偿的，应当提供证明以下事实的证据材料……（三）污染者排放的污染物或者其次生污染物与损害之间具有关联性。"据此，被侵权人需对环境侵权行为与损害后果之间具有关联性承担举证责任。本案中，原告提交的证据已完成了被侵权人需对环境侵权行为与损害后果之间的因果关系承担的初步证明责任。被告对原告提交的鉴定结论有异议，申请了司法鉴定，却因未及时交纳鉴定费而终止鉴定，因其无法举证否定其行为与损害后果的因果关系，应对此承担不利的法律后果。

编写人：江西省吉安市中级人民法院　陈煜霄

---

① 《最高人民法院关于审理环境侵权责任纠纷案件适用法律若干问题的解释》（2020 年修正）第六条规定："被侵权人根据民法典第七编第七章的规定请求赔偿的，应当提供证明以下事实的证据材料：（一）侵权人排放了污染物或者破坏了生态；（二）被侵权人的损害；（三）侵权人排放的污染物或者其次生污染物、破坏生态行为与损害之间具有关联性。"

30

居民楼内供热站使用产生的噪声是否构成侵权的认定

——张某华诉置业公司相邻污染侵害案

【案件基本信息】

1. 裁判书字号

黑龙江省哈尔滨市中级人民法院（2020）黑 01 民终 6769 号民事判决书

2. 案由：相邻污染侵害纠纷

3. 当事人

原告（上诉人）：张某华

被告（被上诉人）：置业公司

【基本案情】

2015 年，张某华爱人董某在置业公司处购买房屋一处。2018 年，张某华夫妻因其楼下地下室供热泵站运行期间产生噪声对其二人造成损害为由，将置业公司诉至法院。该案［（2018）黑 0109 民初 613 号］经法院主持调解，张某华夫妻与置业公司达成和解协议，置业公司限期整改并赔偿损失。此后，因置业公司未履行调解协议内容，该案进入执行程序。置业公司对供热泵站内设备进行了降噪处理，并向法院执行局出具张某华所居住房屋内餐厅及东卧室的噪声检测结果符合《声环境质量标准》（GB3096-2008）的检测报告。张某华认为噪声依然存在，另行委托检测机构出具检测报告，认为其卧室 1 及厨房中的倍频带声压级部分指标未达到《工业企业厂界环境噪声排放标准》（GB12348-2008）。张某华因此提出执行异议，并于 2020 年再次诉至法院，要求置业公司赔偿其2018年度、2019年度两个供暖期给其家人身体、精神、经济造成的损害。

【案件焦点】

案涉供热站使用期间产生的噪声是否达到噪声污染侵权的标准。

【法院裁判要旨】

黑龙江省哈尔滨市松北区人民法院经审理认为：本诉与（2018）黑0109民初613号案件的当事人存在包含关系，诉讼标的均系噪声侵权法律关系，但（2018）黑0109民初613号案件原告主张的损失发生在2018年前，而本诉原告主张的损失发生在2018年后，本诉与前诉的诉讼请求不相同，也不存在包含关系，本诉的诉讼请求并非否定前诉的裁判结果，故本案不是重复起诉。

2011年4月7日，《环境保护部关于居民楼内生活服务设备产生噪声适用环境保护标准问题的复函》（以下简称《复函》）发布。其明确规定，《工业企业厂界环境噪声排放标准》（GB12348-2008）不适用居民楼内为本楼居民日常生活提供服务而设置的设备（如电梯、水泵、变压器等设备）产生噪声的评价，《中华人民共和国噪声法》也未规定这类噪声适用的环保标准。本案的噪声来源系为居民日常生活提供服务的换热设备，根据上述《复函》内容可知，某检测公司适用《工业企业厂界环境噪声排放标准》于2019年2月14日出具的检测报告不能作为判断案涉供热站噪声超标的依据。由于环境污染与人类生产生活如影随形，如果不分轻重、片面强调"有害必究"，将会有碍经济正常发展和社会的整体进步。因此，关于环境污染损害及其违法性的认定，应当注意个人利益保护和公共利益实现的平衡，做到"妥善保护、适当追究"。对张某华所述其家人身体状况及所经受之苦难，本院深表同情。但对于居民楼内为居民日常生活提供服务设备产生的噪声是否构成噪声污染侵权，应以社会一般人的反应和感受作为判断忍受限度的标准，而非针对特殊个体，要考虑案涉噪声问题是否具有普适性。同时，我们也要结合我国实际国情考量目前国家尚未出台相关评价标准的原因。既要考量我国现有科学技术发展能否达到消除或使噪声大幅降低的水平，也要考量即使现有科学技术已发展到一定的高度，供热站的实际管理人能否负担得起消除或使噪声大幅降低的成本，是否满足节约、绿色原则。另外，中华人民共和国建设部颁布的《住宅设计规范》（GB50096-1999）亦规定，水泵房、冷热源机房、变配电机房等公共用电机房不宜设置在住宅主体建筑内，不宜设置在与住房相邻的楼层内，在无法满足上述要求贴临设置时，应增加隔声减震处理。置业公司已对案涉换热站进行了隔声减震处理，已采取相应的防治措施。结合换热站的公共属性及现有科学技术水平，不应对置业公司所负义务过分苛责。否则，可能导致包括置业公司在内的换热站管理人无法经营或无力经营，影响包括张某华在内的小区全体业主的取暖利益，进而影响经济正常发展和社会的整体进步。综上，张某华主张案涉房屋噪声超标的主张不成立，置业公司不应承担侵权责任。

黑龙江省哈尔滨市松北区人民法院依照《最高人民法院关于适用〈中华人民共和国民事诉讼法〉的解释》第九十条、第九十一条规定，判决如下：

驳回张某华的诉讼请求。

张某华不服一审判决，提起上诉。

黑龙江省哈尔滨市中级人民法院同意一审法院的裁判意见。

【法官后语】

对法官而言，裁判文书展现了法官的司法态度，传递了司法温度；对当事人而言，裁判文书是其了解审判过程及裁判结果的有效途径；对社会公众而言，裁判文书所确定的裁判规则起到示范指引作用。本篇案例的示范指引作用有两点：

其一，环境侵权诉讼中应善于运用证明责任分配。在环境侵权诉讼中，将证明责任在环境损害纠纷案件中进行统一，能够更好地保护受损者的权益。尽管法律规定了证明责任倒置规则，但并不意味着将所有的证明责任都转移给被告，原告不必承担任何举证负担。环境侵权诉讼中应对证明责任进行如下分配：首先，原告的初步证明责任。原告应当初步证明加害行为与损害结果之间存在因果关系。《最高人民法院关于审理环境侵权责任纠纷案件适用法律若干问题的解释》第六条第三项规定对原告的初步证明义务进行了明确。其次，被告的证明责任。在因环境污染引起的损害赔偿案件中，被告的证明责任分为两个层面，一是就法律规定的免责事由承担证明责任，二是就其自身行为与损害结果没有因果关系承担证明责任。另外，在该类案件的证明体系中，应运用证明负担减轻规则。证明负担减轻规则在因果关系的认定上，体现为大致推定理论。即若有减轻当事人证明负担的需要，则应当允许法官在符合一定条件如经验法则等前提下适当推定事实的存在。在应用上，大致推定以经验法则为依据，即依据一般生活经验，A 事实的发生，在大多数情况下均以 B 事实为其原因，则在某个事件中，若有大致与 AB 两个事实相同关系的事实出现时，即使对事实发生的实际经过不甚明确，也能够依据相关生活经验，大致推定出两个事实的因果关系。环境侵权诉讼中，除了需要借助因果关系推定理论来认定事实，减轻当事人的证明负担外，更应当最大限度地调动当事人提供证据和进行证明的积极性。

其二，环境侵权诉讼中可应用忍受限度理论。在环境侵权证明责任分配体系中，为权衡侵权人行为自由与责任承担、企业环境污染行为的公共性与对被侵害者民事权益保护的私益性，宜引入忍受限度论综合权衡双方权益。即以侵权人行为是否超越一般人忍受限度，判断是否具有私法领域的违法行为；以违法性权衡行为自由与责任承担，从而实现对双方利益权衡的保护。司法实践中，对一般人的忍受限度可以从以下五个要素予以考虑：1. 受害者遭受损害的性质；2. 被害的程度；3. 加害行为的公共性；4. 损害防护措施的设置情况；5. 加害的单位与被害者居住时间的先后等。通过综合比较，判断个别损害的忍受限度。

在类似于本案的环境侵权诉讼中，应要既考虑到国家未制定、出台相关标准的历史背景，结合我国社会经济发展水平及供热企业的技术能力、运营成本的现实分析，又要兼顾历史和现实。司法审判应做到个人利益保护与公共利益的平衡，兼顾个人与整体。本案为我国当前条件下居民楼内为本楼居民日常生活提供服务而设置的设备产生噪声无统一评价时噪声侵权案件的审理，提供了一个裁判方向。

编写人：黑龙江省哈尔滨市松北区人民法院　尹进
最高人民法院司法案例研究院和复旦大学联合培养实习生　刘宇星

七、生态环境保护公益诉讼

31

刑事共同犯罪造成生态环境侵权损害应共同承担连带赔偿责任

——某市人民检察院诉郑某虹等侵权责任民事公益诉讼案

【案件基本信息】

1. 裁判书字号

福建省南平市中级人民法院（2020）闽 07 民初 231 号民事判决书

2. 案由：侵权责任纠纷民事公益诉讼

3. 当事人

公益诉讼起诉人：某市人民检察院

被告：郑某虹、黎某长、张某辉

【基本案情】

2019 年 5 月 4 日，郑某虹在某山场，用其自行布设的铁丝绳套捕获 1 只鬣羚并将该鬣羚当场杀死。通过电话与张某辉商议好出售事宜后，郑某虹将该只鬣羚运回家中拔毛并剖取内脏，雇用黎某长的出租车运输。黎某长知悉郑某虹捕杀的是国家重点保护的野生动物，于当日中午驾车将该鬣羚运送至光泽县崇仁乡金岭工业园区内，与张某辉交易，张某辉支付给郑某虹 4280 元。郑某虹收取鬣羚款后，支付黎某长200元运费。张某辉将买得的鬣羚与其家中留存的其他野生动物制品混同在一起，藏匿于自家冰柜中。2019年6月18日，在林业技术人员见证及张某辉指认下，某县公安局对存放于张某辉家中的野生动物残骸采取逐份取样的方式送司法鉴定中心鉴定。鉴定意见为：送检样品编号为14~16物种为鬣羚。通过检索《国家重点保护野生动物名录》，确定鬣羚为国家二级重点保护野生动物。依据《野生动物及其制品价值评估方法》，鬣羚物种整体价值为50000元/只。

2019年11月至12月，福建省光泽县人民法院先后作出（2019）闽0723刑初176号、175号刑事判决书，判决被告人郑某虹犯非法猎捕、杀害危害珍贵、濒危野生动物罪，判处有期徒刑八个月，缓刑二年，并处罚金1.4万元；被告人黎某长犯非法运输珍贵、濒危野生动物罪，判处有期徒刑六个月，缓刑一年，并处罚金1.2万元；判决被告人张某辉犯非法收购、运输珍贵、濒危野生动物罪，判处有期徒刑九年，并处罚金9.8万元。张某辉现在监狱服刑。

【案件焦点】

刑事共同犯罪造成生态环境侵权损害应承担连带责任还是按份责任。

【法院裁判要旨】

福建省南平市中级人民法院经审理认为：人与自然和谐相处是人类社会追求的目标，依法保护野生动物对于维护生物多样性和生态平衡，保护生态系统完整性具有重要意义。《中华人民共和国野生动物保护法》第三条规定，野生动物资源属于国家所有。《最高人民法院关于审理环境民事公益诉讼案件适用法律若干问题的解释》第十八条规定，对污染环境、破坏生态，已经损害社会公共利益或者具有损害社会公共利益重大风险的行为，原告可以请求被告承担停止侵害、排除妨碍、消除危险、恢复原状、赔偿损失、赔礼道歉等民事责任。郑某虹违反国家野生动物保护法的规定，未经有关部门批准，非法猎捕、杀害国家二级保护野生动物鬣羚并出售，黎某长明知郑某虹雇用其运送的鬣羚是国家珍贵、濒危野生动物，仍帮助运输，张某辉明知鬣羚属于国家重点保护野生动物仍予以非法收购并非法运输，破坏了野生动物资源，侵害了国家利益和社会公共利益，三人依法应当承担相应的民事法律责任。根据《中华人民共和国侵权责任法》第八条规定，二人以上共同实施侵权行为，造成他人损害的，应当承担连带责任。郑某虹实施猎捕、杀害鬣羚，黎某长非法运输珍贵、濒危野生动物，张某辉非法收购该鬣羚，其三人各自的行为共同促进了损害结果的发生，三人在各环节中也明知自己交易或运输的对象，并有意去促成，在主观上具有共同故意，故三人的行为构成共同侵权。某市人民检察院作为公益诉讼起诉人，主张郑某虹、黎某长、张某辉应共同对生态资源被破坏的法律后果承担连带赔偿责任的诉讼请求，本院予以支持。根据《野生动物及其制品价值评估方法》，鬣羚物种的整体价值为 50000 元/只，故郑某虹、黎某长、张某辉应对鬣羚物种的整体价值损失 50000 元承担连带赔偿责任。

《中华人民共和国侵权责任法》第十五条规定“承担侵权责任的方式主要有……（六）赔偿损失；（七）赔礼道歉……”，郑某虹、黎某长、张某辉有共同侵害国家利益和社会公共利益的行为，因此，某市人民检察院主张郑某虹、黎某长、张某辉在市级以上主要新闻媒体公开赔礼道歉的诉讼请求，于法有据，本院亦予以支持。

福建省南平市中级人民法院依照《中华人民共和国侵权责任法》第四条、第六条、第八条、第十五条，《中华人民共和国环境保护法》第六十四条，《中华人民共和国野生动物保护法》第三条第一款，《最高人民法院关于审理环境民事公益诉讼案件适用法律若干问题的解释》第十八条，《最高人民法院、最高人民检察院关于检察公益诉讼案件适用法律若干问题的解释》第四条、第十三条规定，判决如下：

一、郑某虹、黎某长、张某辉应于本判决生效之日起十日内连带赔偿鬣羚物种整体价值损失 5 万元（支付到南平市生态环境损害赔偿资金账户）；

二、郑某虹、黎某长、张某辉应于本判决生效之日起三十日内在南平市级以上主要新闻媒体公开赔礼道歉（赔礼道歉内容应先报本院审查。如未在指定期限内履行赔礼道歉义务，本院将在南平市级媒体上公布生效判决的主要内容，相应费用由郑某虹、黎某长、张某辉负担）。

【法官后语】

在本案的审理过程中，对于郑某虹、黎某长、张某辉作为生态资源侵权行为人在民事责任承担方式上存在两种不同意见。一种意见认为：郑某虹、黎某长、张某辉在构成犯罪的同时，对生态环境和动物资源保护造成了损害结果，猎捕、杀害、运输、收购行为构成共同侵权，因此，三被告人对外应共同承担连带责任。一种意见认为：郑某虹、黎某长、张某辉并无共同意思联络，生态损害的结果也并非各自行为直接结合而造成，故三被告应按各自原因力大小承担按份赔偿责任。最终，经合议庭评议认为郑某虹、黎某长、张某辉具有主观的共同故意，客观上又造成了生态环境损害的结果，故应当对损害结果共同承担连带民事赔偿责任。

一、三名被告在主观上具有共同故意

故意，是指行为人明知其行为会发生侵害他人民事权益的后果，仍有意为之的一种主观心理状态。可见，故意主要包含了两种要素，一为认识要素，二为意愿要素。认识要素是指行为人对其行为将会发生侵害他人民事权益的后果有所认识，其并不要求行为人对损害有所认识，但无论如何，行为人应该认识到其行为会给他人权益造成侵害。共同故意则要求在行为人之间存在主观的共同关联性，该主观的共同，并不要求数个侵权行为人之间有通谋，仅是各行为人有共同的认识即可。本案中，三被告先后实施猎捕、杀害鬣羚，非法运输鬣羚，非法收购鬣羚的行为，在实施上述行为时，其三人可以预见到自己行为产生的后果，且对自身行为所造成对动物资源的损害具有共同的认识。意愿要素是指行为人在对其行为之后果有所认识后具有实现该后果的决意或意愿。张某辉长期从事非法收购鬣羚、猕猴等各种野生动物，并在当地市场出售牟利，为当地老百姓所知晓，在一定地域范围内成为老百姓心中的野生动物交易端口。郑某虹、黎某长在实施上述行为前即熟知张某辉所从事的非法收购行为，并有意与张某辉形成固定但不特定的交易。其三人均系有意实施自己的行为，并积极促成损害结果的发生。虽然三人的行为各自具有独立性，但其基于一个共同目标即促成动物资源买卖的达成而建立了联系，客观上亦协同为侵权行为的实施而付出努力，因此构成主观上的共同故意。

二、三名被告各自的行为均可造成损害结果的发生

在损害赔偿上，不同形态的复数因果关系决定了数个侵权人的责任承担方式。二人以上分别实施侵权行为造成同一损害，每个人的侵权行为都足以造成全部损害的，行为人承担连带责任；二人以上分别实施侵权行为造成同一损害，能够确定责任大小的，各自承担相应的责任。从民事角度来看，根据《中华人民共和国野生动物保护法》第三条规定，野生动物资源属于国家所有。非法猎捕、杀害、运输、收购珍贵、濒危野生动物侵害的客体都是国家对野生动物资源的管理制度。本案中，郑某虹违反国家野生动物保护法的规定，未经有关部门批准，非法猎捕、杀害国家二级保护野生动物鬣羚并出售，黎某长明知郑某虹雇用其运送的鬣羚是国家珍贵、濒危野生动物，仍帮助运输，张某辉明知鬣羚属于国家重点保护野生动物仍予以非法收购并非法运输，三被告的行为虽表现为不同阶段的不法行为，但并非其分别实施的危害行为结合后，才能造成一个不可分割的损害事实。事实上，即使没有其他二人的行为，猎捕、杀害、运输、出售、收购的每一个行为分割开来，均具有非法性，构成独立的侵害行为，侵害了国家对野生动物资源的所有权，侵犯了国家对野生动物资源的管理，造成生态环境资源损害。虽然，按照通常理解，郑某虹实施猎捕、杀害鬣羚的行为是直接造成动物物种客观损失的直接原因行为，责任更重，应承担主要责任，但鬣羚仅是行为的侵害对象，侵害行为造成侵害对象死亡系为侵害客体的部分内涵，侵害对象本身仅为侵害客体的外在表现，因此。从侵害客体的角度出发评价郑某虹、黎某长、张某辉三人的行为，其三人针对鬣羚实施的不同行为，形成了捕、杀、运、买、卖野生动物的链条，而这个一体化的利益链条中每一个环节都足以严重破坏野生动物资源和生态环境，不利于人与自然和谐共生，其行为致损不分责任轻重大小。

三、生态环境侵权诉讼利益的公益性

生态环境侵权案件与普通侵权案件的区别，关键在于前者诉讼利益的公益性。生态环境是一种特殊的公共产品，每个人都置身于其中，生态环境遭受损害后，每个人都是受害者。这也意味着它不同于特定主体间的侵害，破坏了生态环境，就侵害了国家利益和社会公共利益，进而导致在该类案件中的受害人也并非特定的一人或多人，而是不特定的多数人。因此，生态环境损害赔偿责任并非意在得到物质上的赔偿，而是旨在及时、快速、高效地实现对公共环境的治理和修复。对法律的或者任何一个个别法律现象的无视价值的思考是不能成立的。目前张某辉正在监狱服刑，于其个人而言，履行物种整体价值损失赔偿能力较为薄弱，在此情况下，即使对三被告的赔偿责任进行按份分配，也极大可能导致判决将无法完全执行到位，不能达到及时保护公共利益的诉讼目的和惩戒生态环境侵害行为人、震慑教育民众的社会效果。其三人的违法行为形成了一个完整的买卖链，对其苛以连带责任，符合保护生物多样性和生态文明建设的时代要求。此外，保护野生动物、打击破坏野生动物资源行为也是筑牢公共卫生安全防线的迫切要求。同时，连带赔偿责任属于对外的责任承担，对内三被告应按责任大小或者等额进行责任分配。

没有买卖就没有杀害，买卖违法行为的存在及其输送的利益链条，不断催生出更多的猎捕、杀害。因此，买卖链条中的捕、杀、运、买、卖虽为不同的行为，但每一个环节相互之间环环相扣、密不可分，应将这一整个链条上的每一个行为作一体化处理，使每个行为都对这一整体性侵权行为的后果承担民事连带赔偿责任，以更有利于惩罚加害者，形成震慑力，从而更有利于保护生物多样性，共建地球生命共同体。

编写人：福建省南平市中级人民法院　乐芳　王银春

32

民事公益诉讼原告申请撤诉的审查方式与途径

——基金会诉甲投资公司等通海水域财产损害责任民事公益诉讼案

【案件基本信息】

1. 裁判书字号

武汉海事法院（2019）鄂 72 民初 934 号民事裁定书

2. 案由：通海水域财产损害责任纠纷民事公益诉讼

3. 当事人

原告：基金会

被告：甲投资公司、乙投资公司、丙投资公司、某旅游区管委会

【基本案情】

原告是非营利性社会组织。甲湖某国家级水产种质资源保护区位于某旅游区乙湖，主要保护翘嘴鲌以及菱、莲等。实业公司当时在甲湖内驯养子一代、子二代中华鲟。被告未进行规划环评，未按规定编制建设项目专题论证报告，于 2015 年 5 月展开桥梁项目建设事宜。2017 年 9 月至 2018 年 11 月，养殖场出现 36 尾成年子一代、近 6000 尾子二代中华鲟非正常死亡现象。专家分析认定项目施工造成实业公司养殖用水供给不足，施工给紧邻的养殖池带来震动和噪声，以及持续高温和养殖密度过大，均系可能导致中华鲟死亡的原因。原告诉请判令四被告立即采取措施，排除妨碍，对现存的驯养中华鲟采取有效保护措施或承担相应的费用，共同将保护区及其水生生物的生态环境的状态与功能恢复至损害未发生时的状态或承担相应的费用，赔偿保护区及其水生生物生态服

务功能损失，并承担原告为诉讼支出的费用、全部诉讼费用等。四被告辩称，渔业管理部门已认可被告对保护区影响所作专题论证，被告在甲湖开展的项目建设合法。有关单位对甲湖大桥、乙湖大桥建设项目进行了处罚，并组织有关专家进行评审，建议两座大桥都保留并实施相应的生态修复措施。已对实业公司养殖的中华鲟采取保护措施，协调相关部门建成高水平养殖基地，对中华鲟进行迁运，按照一鱼一卡进行建档，该批中华鲟生长发育状况良好。经有关单位同意，实业公司子二代中华鲟部分被赠与科研单位，部分被用于增殖放流，部分被转移至养殖基地。已对保护区采取生态修复措施，通过与实业公司达成征迁协议，与承包个人终止甲湖承包养殖合同，对实业公司、承包人进行征收，并支付相关费用。实施放流养殖，恢复围堰拆除后的生态和水生植被，恢复水体联通，建立生态修复监测站等，使甲湖水域水质由劣五类变为Ⅲ类。上述相关措施进行了公示，并邀请人大代表、政协委员和有关专家现场考察，得到社会认可，接受广泛监督。

【案件焦点】

是否准许公益诉讼原告申请撤回起诉。

【法院裁判要旨】

武汉海事法院经审理认为：本案系社会组织提起的环境民事公益诉讼，该类案件原告申请撤回起诉，人民法院应当审查原告的诉讼请求是否全部实现。四被告对生物保护、环境修复情况进行了公告，邀请人大代表、政协委员对保护区生态修复工作进行了现场调研和咨询，相关专家对保护和修复情况亦持肯定性意见。总体意见与观点认为，对中华鲟采取的保护措施是积极有效的，不良影响已经消除。在保护区内采取的综合措施取得了良好效果，生态环境质量得到较大提升。

原告提出的前四项诉请包括排除对保护区及其水生生物的妨碍，对现存的驯养中华鲟采取有效保护措施或承担相应的费用，恢复保护区及水生生物生态环境的状态与功能或承担相应的费用，并赔偿相应的服务功能损失，四被告已经在事发后停止侵害、排除妨害、消除危险，终止承包养殖合同，实施湿地修复项目，对保护区采取一系列生态修复措施，对乙湖大桥及甲湖大桥围堰施工区域进行系统设计，建立生态修复监测站，指导各项修复措施，跟踪监测恢复效果，开展甲湖清淤工程，甲湖水质由劣五类变为Ⅲ类。同时，通过征收补偿实业公司，搬迁养殖基地，建成过渡性中华鲟养殖基地，子一代中华鲟生长发育状况良好，子二代中华鲟进行增殖放流、赠与科研机构、搬迁等。四被告累计投入资金上亿元，生态环境治理效果明显，原告相关诉请已经实现。

原告提出的第五项、第六项诉请涉及律师代理费、差旅费等为诉讼支出的费用和案件受理费等诉讼费用，相关诉讼请求与普通民事诉讼请求没有区别，应认为原告享有完整的处分权。原告申请撤回上述两项诉讼请求，系在法律规定的范围内处分自己的民事权利和诉讼权利，没有损害国家、集体或者第三人的合法权益，依法应予准许。

武汉海事法院依照《中华人民共和国民事诉讼法》第一百四十五条第一款、《最高人民法院关于审理环境民事公益诉讼案件适用法律若干问题的解释》第二十六条规定，裁定如下：

准许原告基金会撤回起诉。

【法官后语】

本案系城市化引发的生物多样性保护纠纷案件。长江孕育了丰富的水生生物资源。长湖位于荆州、荆门、潜江三市交界处，与长江、汉江、江汉运河、西荆河等相通，于洪湖市新滩口汇入长江，具蓄洪、灌溉、养殖、航运之利。经过四被告的积极整改治理，且在负有环境保护监督管理职责的部门依法履行监管职责的情况下，原告提起本案环境民事公益诉讼的诉讼请求与诉讼目的已经全部得到满足与实现，申请撤诉符合法律及司法解释相关规定，应予准许。

在审查公益诉讼原告撤诉申请过程中，人民法院可将原告诉请分为两个部分进行审查，即原告不能随意处分的公益性权利和原告能够处分的私益性权利，重点是对前者进行审查。依据《中华人民共和国民事诉讼法》第十三条第二款“当事人有权在法律规定的范围内处分自己的民事权利和诉讼权利”的规定，原告能够处分自己的私益性权利，其处分行为一般不损害国家、集体或者第三人的合法权益，不是人民法院公益诉讼撤诉审查的重点。现有司法解释对民事公益诉讼原告申请撤诉审查标准的规定较为原则与笼统，即《最高人民法院关于审理环境民事公益诉讼案件适用法律若干问题的解释》第二十六条规定："负有环境保护监督管理职责的部门依法履行监管职责而使原告诉讼请求全部实现，原告申请撤诉的，人民法院应予准许。"

人民法院对原告涉及公益的诉请是否全部实现采用了多维度的审查方式与途径，可从以下四个方面展开。首先，要做好现场勘验，强调审判人员的亲历性。案涉保护区和中华鲟经过多次随机现场考察、勘验，四被告整改情况有目共睹。其次，要依法保障公众知情权，激发公众参与热情，让公众更加有序有效地参与公益保护。本案在地方党委与政府的领导下，通过公开整改信息，邀请社会公众参与认定污染破坏区域是否得到有效修复，这也是本案在审查形式上的创新。再次，要组织专家论证。本案以座谈会的形式保障人民法院审查的专业性，让专业的人做专业的事，认真倾听专家意见，强调法治思维，做到知行合一。最后，邀请人大代表、政协委员调研、考察。本案主动接受代表和委员们的监督，让审判权在阳光下运行。对照四被告整改措施，在有关行政机关依法履职的情形下，人民法院认真检视原告每一项诉讼请求全部实现后慎重裁定准许撤诉。既要保证公益不受非法损害，提升当事人的法治意识，强调当事人与企业履行社会责任的意识；又要保证审结一案教育一片，激发社会公众的环境责任意识，提高社会公众的参与能力，从而使保护环境和建设美丽中国成为全社会的自觉行动。

人民法院发挥环境资源审判的能动性，通过本案审理构建了与地方政府对生态环境保护的联动机制，建立了生态环境保护联合宣传工作制度（湖北省首个生物多样性司法保护修复基地），推动形成共建、共治、共享的社会治理制度，不断提升基层社会治理能力和治理水平，推动绿色发展，促进人与自然和谐共生，共建美丽中国。

编写人：武汉海事法院　熊靖

33

人文生态环境损失的确定规则

——某县人民检察院诉徐某、方某人文遗迹保护民事公益诉讼案

【案件基本信息】

1. 裁判书字号

江西省金溪县人民法院（2021）赣1027刑初8号之一民事判决书

2. 案由：人文遗迹保护民事公益诉讼纠纷

3. 当事人

公益诉讼起诉人：某县人民检察院

被告：徐某、方某

【基本案情】

某村系“江西省传统村落”，拥有丰富的物质和非物质文化遗产。2020年4月11日21时许，徐某、方某驾驶三轮摩托车到某村西岸组一门楼偷盗一块“甲第里”石匾，在盗窃过程中造成石匾掉落摔断。4月27日晚，徐某、方某驾驶三轮摩托车到下洋组一门楼偷盗一块“三公旧第”石匾，在盗窃过程中造成石匾摔断以及门楼整体性垮塌。徐某、方某将上述被摔断的两块石匾装车运输，以2200元出售给他人。两块石匾尚未能追回。经专业机构评估，“甲第里”门楼修复工程费用为9812元、“三公旧第”门楼修复工程费用为93727.61元。经专家评估，徐某、方某盗窃古建筑构件的行为，造成人文生态环境服务功能损失共计310617元。

某县人民检察院指控被告人徐某、方某等人犯盗窃罪，于2021年1月5日向金溪县人民法院提起公诉。金溪县人民法院于2021年5月7日作出（2021）

赣 1027 刑初 8 号刑事判决，判决被告人徐某、方某犯盗窃罪，分别判处有期徒刑一年四个月、一年三个月，并各处罚金 1 万元。

某县人民检察院于 2020 年 12 月 17 日公告案件相关情况，公告期内未有法律规定的机关和有关组织提起民事公益诉讼。某县人民检察院于 2021 年 1 月 22 日向金溪县人民法院提起附带人文遗迹保护民事公益诉讼，要求判令徐某、方某承担：“甲第里”门楼修复工程费 9812 元、“三公旧第”门楼修复工程费 93727.61 元，总计 103539.61 元；人文生态环境服务功能损失 310617 元；鉴定费用共计 11200 元。

【案件焦点】

1. 检察机关对破坏传统村落行为能否提起环境民事公益诉讼；2. 在没有鉴定机构能对古建筑损坏所造成的人文生态资源损失作出鉴定时，有专门知识的人出具的专家意见能否作为证据采信；3. 本案的损失如何确定。

【法院裁判要旨】

江西省金溪县人民法院经审理认为：首先，案涉“甲第里”门楼属于不可再生的古建筑资源，该门楼牌匾被盗及损坏，改变了原有古建筑风貌，斩断了原有历史文化传承。“三公旧第”门楼承载着一定的历史、文化、艺术、社会、经济价值，对研究当地明清古建筑群以及江西农耕文化具有一定的史料参考价值。上述门楼牌匾被盗及损坏，严重损毁被盗门楼的生态价值和历史文化价值，损害了社会公共利益。本案涉及生态资源的公共利益保护，在没有法律规定的机关和组织提起诉讼的情况下，检察机关可以提起环境民事公益诉讼。

其次，本案因无鉴定机构可以对人文生态资源损失进行鉴定，两名专家接受公益诉讼起诉人的委托出具了《专家评估意见》，从人文生态环境角度对古建筑损坏所造成的功能损害给出了明确的专业意见，并以专家身份出庭接受当事人及审判人员的询问。该意见的出具主体、形成程序均合法，结论明确，且经庭审质证，具备合法性、科学性，依法可以作为本案认定事实的根据。

最后，案涉“甲第里”“三公旧第”牌匾属于不可再生的文化遗产。虽然被盗牌匾及被破坏的门楼建筑可以依照原貌进行修复，但被盗牌匾的原物已难以追回，而且经过修复后的门楼及牌匾其人文生态价值相较原物价值必有贬损，原生态的古村落传统风貌的完整性和传统村落历史文化的传承功能已不可逆地遭到破坏，对当地人文生态资源造成了损害，这种损害严重影响了当地人民群众的人文情怀、历史情感，这种无形的损失难以用金钱来衡量。

江西省金溪县人民法院根据《最高人民法院关于审理环境民事公益诉讼案件适用法律若干问题的解释》第二十一条规定，判决如下：

徐某、方某连带赔偿“甲第里”“三公旧第”门楼修复费用 103539.61 元以及人文生态资源损失 300000 元，并承担鉴定及评估费用 11200 元。

【法官后语】

本案是我国涉“古村落”人文遗迹保护的典型案例。“古村落”是传统村落的习惯称谓，它是在长期的农耕文明传承过程中逐步形成的村落。传统村落是我国文化遗产的重要组成部分，蕴含着极其丰富的历史信息和十分厚重的文化价值，传承着历史记忆，既是我国文化多样性的重要体现，也是中华文明进步和演变的实证。传统村落属于人文遗迹，其依附的历史环境要素，如塔桥亭阁、井泉沟渠、壕沟寨墙、碑幢刻石、庭院园林等载体，多数属于不可再生资源。伴随中国现代化和城镇化的不断推进，传统村落的保护显得越发重要。保护传统村落的整体性、完整性，对促进传统村落的可持续发展、传承优秀历史文化、加强生态文明建设具有重要意义。

本案系因破坏传统村落引发的民事公益诉讼案件，充分体现了司法机关在保护人文遗迹领域中的积极作为。《中华人民共和国环境保护法》规定，破坏人文遗迹等造成生态资源损害的，侵权人应当承担侵权责任。本案检察机关作为公益诉讼起诉人要求两被告承担涉案门楼修复费及人文生态环境服务功能损失。对于涉案门楼修复费本案并无争议，而人文生态环境服务功能损失即人文生态资源损失如何确定，不仅是本案法律争议之核心问题，也是环境资源司法实践特别是环境民事公益诉讼的难点问题。因人文遗迹是人类发展的见证，在历史、文化、科学、艺术和社会等方面具有独特价值，一旦遭到破坏往往难以恢复。古村落作为文化传承的重要载体，属于传统物质文化与非物质文化遗产的结合体，对其保护以整体性保护为核心理念。从本案来看，案涉的牌匾及其依存的建筑属于不可再生的文化资源，其所具有的无形价值难以用货币化的方式来衡量。因此，在古建筑损坏造成的人文生态资源损失鉴定不能的情况下，本案对于人文生态资源损失计算适用了江西省高级人民法院提出的“环境损害计算五结合法”，即结合原告的诉请、查明的案件事实、鉴定意见或专家意见等证据材料、当事人的履行能力、当地经济发展水平等五个方面计算环境侵权损失，并在此基础上能动司法。鉴于案涉牌匾属于古建筑中的重要构件，牌匾被盗造成原生态的古村落传统风貌的完整性和传统村落历史文化的传承功能遭到不可逆的破坏，本案在计算人文生态资源损失时，将侵权行为对传统村落整体性的破坏程度、传统村落的影响力作为重要的考量因素，提炼出人文生态环境损害计算规则“六结合法”。具体表现为：以合法（有效）的专家评估意见为基础，综合公益诉讼起诉人的诉请、当地经济发展水平、被告的主观过错及其家庭经济条件、对传统村落整体性的破坏程度，以及传统村落的影响力等情况，酌情认定被告人应承担的人文生态资源损失。其中，对整体性破坏程度的考量，主要基于古建筑本身的建筑年代、建筑由来、建筑类别、建筑题款，以及古建筑在传统村落中的地理位置、象征意义等；对传统村落影响力的考量，主要基于案发地所属村落在传统村落中的等级定位（如属于国家级传统村落还是省级传统村落），以及同类型传统村落的资源稀缺程度等情况，传统村落级别越高、同类型传统村落资源越稀缺，其影响力考量因素越大。

本案在人文生态资源损失客观存在但又难以鉴定的情况下，采用“六结合法”的方式确定服务功能损失的司法实践探索，为此类人文遗迹民事公益诉讼司法保护提供了有益借鉴。本案的审判不仅使遭到损害的人文生态环境权益得到司法救济和填补，也唤起了全体社会成员人文生态资源保护意识，增强保护传统村落等不可再生文化遗产的自觉性，更好地留住历史传承，留住美丽乡愁。

编写人：江西省抚州市中级人民法院　魏灵　陈辉

江西省金溪县人民法院　邹峰

34

生态环境修复资金和惩罚性赔偿金可公益信托监管使用

——某县人民检察院诉陈某、杨某非法捕捞水产品刑事附带民事公益诉讼案

【案件基本信息】

1. 裁判书字号

江西省武宁县人民法院（2020）赣0423刑初380号刑事附带民事判决书

2. 案由：非法捕捞水产品刑事附带民事公益诉讼纠纷

3. 当事人

公诉机关暨刑事附带民事公益诉讼起诉人：某县人民检察院

被告人暨刑事附带民事公益诉讼被告：陈某、杨某

【基本案情】

2019年12月31日，某县人民政府发布《关于某国家级水产品种质资源保护区实行全面禁渔的通告》，公告某国家级水产种质资源保护区自2020年1月1日起保护区范围内实行全面禁渔。2020年7月16日至29日，陈某、杨某夫妻二人在未办理捕捞手续的情况下，多次到某国家级水产品种质资源保护区使用灯光诱捕、扳罾的方式捕鱼，捕获各种鱼类共计500公斤，非法获利3500元。7月29日1时许，陈某、杨某进行非法捕鱼时被当场查获，非法捕捞的扳罾渔网等禁用工具及渔获物159.9公斤被扣押。11月3日，某县农业农村局出具《关于对破坏渔业资源进行生态修复的意见》，建议陈某、杨某购买价值7000元的四大家鱼冬片鱼种进行生态修复。

【案件焦点】

1. 附带民事公益诉讼起诉人诉请两被告承担惩罚性赔偿应否支持；2. 附带民事公益诉讼起诉人诉请委托专业第三方公益信托机构代为履行生态环境修复义务的，人民法院经审核后应否支持。

【法院裁判要旨】

江西省武宁县人民法院经审理认为：陈某、杨某违反保护水产资源法规，未取得捕捞许可证，在禁渔区——国家级水产品种质资源保护区、禁渔期使用禁用工具和方法捕鱼，破坏水生生物资源，情节严重，其行为构成非法捕捞水产品罪。案发后陈某、杨某如实供述犯罪事实，是坦白，可以从轻处罚；陈某、杨某主动缴纳生态修复费用和承担惩罚性赔偿金履行生态修复义务，具有悔罪表现，辩护人提出酌情从轻处罚的意见，予以采纳。陈某、杨某认罪认罚并具结，均可从宽处理，公诉机关的量刑建议适当，予以采纳。为防止陈某、杨某再到水产品种质资源保护区非法捕捞，缓刑考验期间依法应限制其再进入保护区。

根据《最高人民法院关于适用〈中华人民共和国民法典〉时间效力的若干规定》第二条“民法典施行前的法律事实引起的民事纠纷案件，当时的法律、司法解释有规定，适用当时的法律、司法解释的规定，但是适用民法典的规定更有利于保护民事主体合法权益，更有利于维护社会和经济秩序，更有利于弘扬社会主义核心价值观的除外”规定，陈某、杨某在水生生物保护区内非法捕捞的行为损害了国家设立水生生物保护区的公共利益，有违绿色原则，为促进生物多样性保护，本案适用《中华人民共和国民法典》。

破坏生态类侵权行为损害的是不特定多数人的合法权益，生态环境一旦遭受破坏，修复的成本远大于受破坏的资源本身价值，甚至有些难以恢复，因而环境权益受到国家法律的特别保护，需用最严格的法治保护生态环境。《中华人民共和国民法典》规定了破坏生态侵权行为，应承担民事责任，并可适用惩罚性赔偿。陈某、杨某在国家设立的水生生物保护区使用禁用方法捕捞水产品，破坏了水生生物资源，对水生态系统和水生生物食物链造成了损害，应承担赔礼道歉、生态修复和惩罚性赔偿民事责任。具体理由如下：

一、本案受保护的合法权益具有社会公共利益属性，应适用赔礼道歉责任承担方式。水生生物资源是构建生态环境的自然因素，在维护生态系统平衡中发挥着不可替代的作用。包括水生生物资源在内的自然资源环境，是人类赖以生存和发展的基础。保护自然环境平衡，促进人与自然和谐共生关系到每一个人的基本环境权益。水生生物资源是社会公众环境权益的重要内容，是社会环境公共利益的重要载体。对陈某、杨某适用赔礼道歉责任方式，有利于提高人民群众的环保意识。

二、陈某、杨某具有侵犯社会环境公共利益的重大过错。为保护水生生物资源，维护生物多样性生态，国家建立水产种质资源保护区制度。陈某、杨某是当地渔民，长期从事捕捞作业，对当地的水域范围、某种质资源以及国家禁捕规定非常熟悉。其深夜越界到某国家级水产品种质资源保护区非法捕捞，行为具有隐蔽性，更反映出其破坏国家设立水生生物保护区，损害社会公共利益，逃避法律责任追究的恶意，主观重大过错明显。

三、陈某、杨某非法捕捞行为客观上造成某种质资源的减损，且属情节严重，损害后果较大。自然资源生态环境遭受破坏的损害后果具有长期性、难恢复的特点。陈某、杨某未取得捕捞许可，捕捞行为涵盖了非法捕捞的全部法律禁止项，是危害性大的捕捞行为，数量累积达500公斤，对保护区水生生物环境造成了严重损害，进而也对社会公共利益造成了严重损害。为保障社会公众环境权益，阻遏环境违法行为，陈某、杨某依法应承担惩罚性赔偿。惩罚性赔偿金的具体数额，附带民事公益诉讼起诉人综合考虑陈某、杨某的过错程度、案件情节、损害后果及其实际经济履行能力，诉请陈某、杨某共同承担惩罚性赔偿金3000元合理适当，应予以支持。

进行生态修复不得对生态环境造成二次伤害，人工修复水生态应由具有专业知识和技能的人进行。附带民事公益诉讼起诉人诉请将生态环境修复资金和惩罚性赔偿金以公益信托的方式委托某生态环境保护基金会代为履行生态环境修复义务，人民法院经审核后应予支持。

江西省武宁县人民法院依照《中华人民共和国刑法》第三百四十条、第六十四条、第六十七条第三款、第七十二条第一款和第二款、第七十三条第一款和第三款，《中华人民共和国刑事诉讼法》第二百零一条，《中华人民共和国渔业法》第二十九条、第三十条，《中华人民共和国民法典》第一百七十九条、第一千二百二十九条、第一千二百三十二条、第一千二百三十四条，《中华人民共和国民事诉讼法》第五十五条第二款，《最高人民法院关于适用〈中华人民共和国民法典〉时间效力的若干规定》第二条，《最高人民法院关于审理环境侵权责任纠纷案件适用法律若干问题的解释》第十三条，《最高人民法院、最高人民检察院关于检察公益诉讼案件适用法律若干问题的解释》第二十条规定，判决如下：

一、被告人陈某犯非法捕捞水产品罪，判处拘役六个月，缓刑十个月；

二、被告人杨某犯非法捕捞水产品罪，判处拘役六个月，缓刑十个月；

三、禁止被告人陈某、杨某缓刑考验期间进入某国家级水产品种质资源保护区范围；

四、被告人陈某、杨某非法捕捞所使用的扳罾等禁用工具予以没收，由扣押单位依法处理；

五、刑事附带民事公益诉讼被告陈某、杨某共同交付生态修复资金 7000 元，委托法院认可的第三方专业机构用于某水域增殖放流修复水生态环境，此款于判决生效后三日内付清；

六、陈某、杨某共同承担惩罚性赔偿金 3000 元，此款于判决生效后三日内付清，上缴国库；

七、责令陈某、杨某在武宁县县级新闻媒体上就其非法捕捞水产品造成的生态环境损害进行公开赔礼道歉。

【法官后语】

为推动生态文明建设，惩治生态环境侵权行为，《中华人民共和国民法典》新增生态环境惩罚性赔偿制度。本案是全国首例适用《中华人民共和国民法典》当庭宣判被告承担破坏生态惩罚性赔偿责任的刑事附带民事公益诉讼案，[1] 是生态环境修复资金和惩罚性赔偿金公益信托全国第一案，[2] 入选了江西省2021年十大环境资源典型案例。惩罚性赔偿是通过让恶意的不法行为人承担超出实际损害数额的赔偿，达到制裁恶意侵权人、充分救济受害人的效果，其功能不仅在于对损害的弥补，更体现为惩罚、教育和预防。2022年最高人民法院发布的首个司法解释即《最高人民法院关于审理生态环境侵权纠纷案件适用惩罚性赔偿的解释》就生态环境侵权纠纷案件适用惩罚性赔偿的范围、认定要件、计算基数和倍数等具体问题予以了规范。根据该解释规定，与普通环境侵权责任适用无过错责任归责原则不同，惩罚性赔偿的构成要件更为严格，其特别构成要件包括：侵权人实施了不法行为；侵权人主观具有故意；造成严重后果。本案关于惩罚性赔偿的适用符合该解释的基本精神，可为生态恢复性司法和执行提供参考。

一、惩罚性赔偿的主观要件要求行为人具有污染环境、破坏生态的故意

惩罚性赔偿相较于补偿性赔偿，主要价值在于通过加重不法行为人的赔偿负担对其主观恶性予以惩罚，因此，民法典范畴的惩罚性赔偿都要求行为人具有主观故意。《最高人民法院关于审理生态环境侵权纠纷案件适用惩罚性赔偿的解释》第六条规定了人民法院认定侵权人是否具有污染环境、破坏生态故意的一般规则，即应当根据侵权人的职业经历、专业背景或者经营范围，因同一或者同类行为受到行政处罚或者刑事追究的情况，以及污染物的种类，污染环境、破坏生态行为的方式等因素综合判断。第七条又列举了侵权人具有故意的具体情形。国家级水产种质资源保护区是指在国内国际有重大影响，具有重要经济价值、遗传育种价值或特殊生态保护和科研价值的区域，是构建生态环境的自然因素，在维护生态系统平衡中发挥着不可替代的作用，是社会公众环境权益的重要内容，承载着社会环境公共利益。本案中两被告人是渔民，长

---

① 黄辉、晏和平：《全国首例破坏生态刑事附带民事公益诉讼案一审宣判》，载《法治日报》2021年1月5日。

② 《江西法院又创全国首例：武宁法院适用〈民法典〉当庭宣判被告承担破坏生态惩罚性赔偿责任》，载江西法院网，https://news.sina.com.cn/s/2021-01-04/doc-iiznctkf0118396.shtml，2021年8月20日访问。

期从事捕捞作业，对当地的水域范围和某种质资源以及国家禁捕规定非常熟悉，其选择在禁渔期深夜越界到某国家级水产品种质资源保护区多次使用灯光诱捕（禁用方法）和传统的渔具扳罾（禁用工具）捕捞水产品，行为具有隐蔽性，主观恶意明显。《最高人民法院关于审理生态环境侵权纠纷案件适用惩罚性赔偿的解释》第七条第八项明确规定，在相关自然保护区域、禁猎（渔）区、禁猎（渔）期使用禁止使用的猎捕工具、方法猎捕、杀害国家重点保护野生动物、破坏野生动物栖息地的应当认定具有破坏生态的故意。因而，本案两被告的非法捕捞行为具有破坏生态的故意。

二、惩罚性赔偿的客观要件要求行为人的行为具有污染环境、破坏生态的不法性和损害后果的严重性

《最高人民法院关于审理生态环境侵权纠纷案件适用惩罚性赔偿的解释》第四条从分配举证责任的角度，明确了被侵权人主张侵权人承担惩罚性赔偿责任的要件，其中客观要件包括：(1) 侵权人的行为违反法律规定；(2) 侵权人的行为造成严重后果。第五条明确了“违反法律规定”的认定标准，即应当以法律、法规为依据，可以参照规章的规定。第八条明确了“造成严重后果”的认定标准，即应当根据污染环境、破坏生态行为的持续时间、地域范围，造成环境污染、生态破坏的范围和程度，以及造成的社会影响等因素综合判断。侵权行为造成他人死亡、健康严重损害，重大财产损失，生态环境严重损害或者重大不良社会影响的，应当认定为造成严重后果。

自然资源生态环境遭受破坏的损害后果具有长期性、难恢复的特点。本案两被告未取得捕捞许可，多次在禁渔区、禁渔期，使用禁用工具、方法捕捞水产品，其行为涵盖了非法捕捞的全部法律禁止项，显然具有不法性；两被告渔获数量累积达500公斤，明显破坏了某国家级水产品种质资源保护区生态环境平衡，对保护区水生生物环境造成了实质性的严重损害后果，其行为已构成非法捕捞水产品罪，当然符合《最高人民法院关于审理生态环境侵权纠纷案件适用惩罚性赔偿的解释》规定的“严重后果”标准。根据环境保护最严格责任原则，两被告应当按照民法典第一千二百三十二条规定承担相应的惩罚性赔偿

责任。

惩罚性赔偿的具体数额，本案根据两被告使用的是灯光诱捕和传统的渔具扳罾（敷网）捕捞，相较于电、毒、炸鱼方法社会危害性更小，被告人的主观恶性、人身危险性也相对较小，综合被告的过错程度、案件情节、损害后果及被告的实际经济履行能力予以考虑，判处3000元惩罚性赔偿。这与2022年1月12日发布的《最高人民法院关于审理生态环境侵权纠纷案件适用惩罚性赔偿的解释》第九条和第十条的规定相契合，人民法院确定惩罚性赔偿金数额，应当以环境污染、生态破坏造成的人身损害赔偿金、财产损失数额作为计算基数；应当综合考量侵权人的恶意程度、侵权后果的严重程度、侵权人所获利益。

三、生态环境修复资金和惩罚性赔偿金的公益信托监管使用

本案认为，附带民事公益诉讼起诉人诉请委托专业第三方公益信托机构代为履行生态环境修复义务的，人民法院经审核后应予支持。判决责任人承担生态修复费用和承担惩罚性赔偿的核心目的，是恢复被破坏的生态环境，这依赖于修复资金和惩罚性赔偿金的有效执行和管理使用。江西省高级人民法院以保护优先、修复为主、绿色发展为主线，积极探索委托第三方监管生态环境修复资金模式，通过本案在全国首创以公益信托的方式委托江西思华生态环境保护基金会管理和监督使用环境公益诉讼所涉生态环境修复资金、惩罚性赔偿金，可实现环境公益诉讼与生态环境修复的有效衔接。[①] 本案中附带民事公益诉讼起诉人诉请将生态环境修复资金和惩罚性赔偿金委托第三方专业公益信托机构代为履行生态环境修复义务，人民法院经审核后，认为该第三方专业公益信托机构是环境保护公益组织，具有协调专业知识和技能的人和组织进行专业环境修复能力，信托给其监督使用生态环境修复资金和惩罚性赔偿金有利于高效修复环境，故予以支持。本案一审宣判后，两被告主动交纳了生态环境修复费，并与第三方专业公益信托机构签订了公益信托合同，委托该机构代为履行生态

① 王白如、陈佳：《赣湘鄂皖四省建环资司法协作机制 共同推进长江生态环境保护》，载《新法制报》2021年4月26日。

环境修复义务。附带民事公益诉讼起诉人作为监察人参与合同签订。随后，当地农林水务局根据某生态环境保护基金会的委托，按照鱼种放流方案投放鱼苗，在某县人民检察院、当地环保局的见证下，完成了生态环境修复义务，取得了良好成效。

编写人：江西省高级人民法院　章光园
江西省吉安市中级人民法院　彭璇
江西省武宁县人民法院　晏和平

35

环境污染责任纠纷中多数人侵权情形下责任比例的确定

——某县人民检察院诉杨某等环境污染责任案

【案件基本信息】

1. 裁判书字号

山东省聊城市中级人民法院（2020）鲁 15 民终 771 号民事判决书

2. 案由：环境污染责任纠纷

3. 当事人

公益诉讼起诉人（被上诉人）：某县人民检察院

被告（上诉人）：杨某

被告（被上诉人）：科技公司、袁某

【基本案情】

化工公司成立于 2002 年，经营范围为加工、销售叔丁氯、农机配件，2016 年 3 月 16 日更名为科技公司，后经营范围变更为：化工产品生产技术研发、技术转让、技术咨询及技术服务；加工、销售农机配件。科技公司未经批准生产甲硫醇钠，无生产该产品的环评手续，不具备处理危废的资质。2015年9月28日，科技公司法定代表人刘某华与袁某签订合作协议书，约定双方共同开发、生产经营甲硫醇钠、甲硫基丙醛及甲硫醇钠的深层加工（精肟）项目。协议签订后，袁某于同年10月开始着手进行甲硫醇钠设备的购买、安装、调试及生产。至2016年8月9日，因科技公司投资不到位，袁某又与杨某签订承包合同，约定袁某一方按照折百后每吨600元标准收取费用，杨某负责设备运行及维修、原材料采购与产品销售、工人工资、生活费用等。二人签订合同后，继续生产甲硫醇钠。2016年8月底，袁某离开科技公司，10月底因环保部门介入，科技公司停产。某县公安局对科技公司污染环境一案立案侦查，并对袁某上网追逃。经检测，周围土壤样品pH呈强碱性，有二甲基硫醚等污染物检出，废液渗透已经严重污染周边区域土壤，需要修复的土方量共计1689立方米，渗坑内清理出5吨危废，需要2万元危废处理费用，土壤修复所需费用为168.9万元，危废清理及修复费用共需170.9万元。

【案件焦点】

环境污染责任纠纷案件中多数人侵权情形下责任比例如何确定。

【法院裁判要旨】

山东省高唐县人民法院经审理认为：关于科技公司、袁某、杨某的行为是否构成环境侵权，是否应当承担民事赔偿责任问题。科技公司、袁某、杨某未经批准违法生产经营甲硫醇钠，并违反相关规定，在科技公司无生产该产品的环评手续，不具备处理危废资质的情况下，将生产过程中产生的危险废物违规排放、储存，污染土壤，对环境的污染和破坏是已经发生和必然发生的，属于损害社会公共利益的行为，三者依法应承担环境侵权的民事责任，并对共同实施的环境侵权行为，互负连带赔偿责任。虽然杨某与袁某签订的承包合同中约定由袁某提供污水处理及处置，但杨某对于其生产经营产生污染及科技公司对污染的处置设施是知情的，其对现有的污水处理及处置方式是默认并继续使用，其对污染的产生存在过错，其关于受欺骗亦为受害方，以及不是适格被告的辩称理由不成立，不予采信。

因存在科技公司、袁某、杨某经营期间产生的污染物排放至同一废水池的事实，难以确定每个主体的准确污染程度，杨某关于袁某与科技公司合作期间产量的推定，以及凭证人口供对自身产量的认定，证据均不充分，据此主张其承担0.379%赔偿比例，不予采信；鉴于杨某承包经营时间短，现有用电量证据显示其经营期间用电量较少，可以推定其产量较少，产生的污染物较少，对环境的污染损害程度轻微；袁某与科技公司合作生产经营时间较长，现有用电量证据显示其经营期间用电量较多，可以推定其产量较多，产生的污染物较多，对环境的污染损害程度较大，二者过错程度相当，根据《中华人民共和国侵权责任法》第十四条"连带责任人根据各自责任大小确定相应的赔偿数额；难以确定责任大小的，平均承担赔偿责任。支付超出自己赔偿数额的连带责任人，有权向其他连带责任人追偿"的规定，酌定科技公司、袁某、杨某的内部赔偿责任比例分别为40%、40%、20%，在对外赔偿责任中三者互负连带赔偿责任，支出超过自己赔偿数额的连带责任人，有权向其他连带责任人追偿。

山东省高唐县人民法院依照《中华人民共和国环境保护法》第六条、第六十四条，《中华人民共和国侵权责任法》第八条、第十四条、第十五条第一款第三项和第五项和第六项、第六十五条、第六十六条，《最高人民法院关于审理环境侵权责任纠纷案件适用法律若干问题的解释》第一条、第二条、第十三条，《最高人民法院关于审理环境民事公益诉讼案件适用法律若干问题的解释》第一条、第十八条、第十九条、第二十条、第二十二条，《最高人民法院、最高人民检察院关于检察公益诉讼案件适用法律若干问题的解释》第七条，《中华人民共和国人民陪审员法》第十六条，《中华人民共和国民事诉讼法》第三十九条、第五十五条、第一百四十四条规定，判决如下：

一、科技公司、袁某、杨某于本判决生效之日起九十日内在聊城市生态环境局高唐县分局的监督下，按照危险废物处置要求将科技公司院内残留的结晶状废物5吨进行处置，消除危险，并对科技公司院内受污染土壤治理制定修复方案并进行修复，达到保护生态环境社会公共利益标准；

二、如科技公司、袁某、杨某逾期不能对危险废物进行处置、消除危险并制定修复方案进行修复达到保护生态环境社会公共利益标准的，科技公司、袁某、杨某于逾期之日起十日内对于危废清理费、因污染造成的土壤修复费用共计170.9万元，分别赔偿68.36万元、68.36万元、34.18万元，通过山东省非税收入征收与财政票据管理系统上缴省级国库；

三、科技公司、袁某、杨某于判决生效之日起十日内对于鉴定评估费用18.7万元，分别赔偿7.48万元、7.48万元、3.74万元，通过山东省非税收入征收与财政票据管理系统上缴省级国库；

四、科技公司、袁某、杨某对于上述第二项、第三项互负连带责任，支出超过自己赔偿数额的连带责任人，有权向其他连带责任人追偿。

杨某不服一审判决，提出上诉。山东省聊城市中级人民法院经审理认为：关于杨某应否承担赔偿责任，如应承担，是否应承担连带责任的问题。杨某主张其与科技公司之间系加工承揽关系，杨某是定作人，科技公司是生产责任主体。依据袁某与杨某签订的合同，袁某自签订协议后将科技公司的生产设备全部转租给杨某，杨某全权负责科技公司日常生产经营过程中的原料采购、设备维护、工人工资、水电费用、安全管理、产品销售等事务。《中华人民共和国合同法》第二百五十一条规定，承揽合同是承揽人按照定作人的要求完成工作，交付工作成果，定作人给付报酬的合同。承揽包括加工、定作、修理、复制、测试、检验等工作。第二百五十三条第一款规定，承揽人应当以自己的设备、技术和劳力，完成主要工作，但当事人另有约定的除外。因此，杨某和袁某并非承揽合同关系，而是承包合同关系。杨某全权负责科技公司日常生产经营过程中的原料采购、设备维护、工人工资、水电费用、安全管理、产品销售等事务，在生产中违法排放污染物，应属于侵权人。

关于杨某所称“科技公司在与杨某签订合同时故意隐瞒了没有污水处理装置的事实……杨某主观上并无过错”的主张。虽然杨某与袁某签订的承包合同中约定由袁某提供污水处理及处置，但杨某清楚了解对污染物通过渗坑违法排放的事实。《中华人民共和国环境保护法》第四十二条第四款规定，严禁通过暗管、渗井、渗坑、灌注或者篡改、伪造监测数据，或者不正常运行防治污染设施等逃避监管的方式违法排放污染物。杨某作为生产者，在明知污染物通过渗坑违法排放污染物的情况下生产排放污染物过错明显，其关于因科技公司故意隐瞒而误认为科技公司具备污水处理能力，因此自身没有过错的主张不能成立。

关于杨某主张污染系科技公司前身化工公司前期排污造成的主张，化工公司与科技公司生产产品所产生的污染物并非同类物质，没有证据证明涉案土地的污染与化工公司有关。

关于一审法院根据用电量酌定三方责任是否正确的问题。用电量是判断责任主体违法生产时间的较为客观的标准，在无法确定各个责任主体污染物排放量的情况下，原审参照用电量确定三方内部责任比例并无不当。

关于杨某应否承担连带责任的问题。杨某属于后期参与承包经营，其污染环境的侵权行为与前期科技公司及袁某的污染环境行为之间不存在意思联络，杨某该项上诉理由，予以采纳。但是，杨某使用同一套设备生产同样的产品排放的污染物与科技公司及袁某排放的污染物相同，因此，杨某与科技公司、袁某虽先后实施了污染环境的行为，但其分别实施的污染环境的行为造成的损害性质相同，属于同一损害。且每个人污染环境的行为都足以造成渗坑周围土壤的全部损害，因此，依据《中华人民共和国侵权责任法》第十一条、《最高人民法院关于审理环境侵权责任纠纷案件适用法律若干问题的解释》第三条第一款的规定，杨某与科技公司、袁某应承担连带责任。综上，《中华人民共和国侵权责任法》第八条仅能适用于具有意思联络的科技公司与袁某之间的连带责任。科技公司、袁某与杨某之间系分别实施的侵权行为，应适用《中华人民共和国侵权责任法》第十一条、《最高人民法院关于审理环境侵权责任纠纷案件适用法律若干问题的解释》第三条第一款的规定，原审适用《中华人民共和国侵权责任法》第八条判决科技公司、袁某、杨某承担连带责任不当，二审予以纠正。

山东省聊城市中级人民法院依照《中华人民共和国民事诉讼法》第一百七十条第一款第一项规定，判决如下：

驳回上诉，维持原判。

【法官后语】

近年来，随着国家越来越重视协同推进经济高质量发展与生态环境高水平保护，以环境侵权诉讼为主的公益诉讼逐渐进入人们的视野。在环境侵权责任纠纷中，往往存在多个责任主体，构成多数人侵权，如何认定每个侵权人的侵权行为，合理划分责任比例是该类案件的难点。

首先，在存在多个侵权责任主体的情况下，如何确定污染者承担责任的大小，是审判实践中的难点问题。《中华人民共和国民法典》第一千二百三十一条规定，两个以上侵权人污染环境、破坏生态的，承担责任的大小，根据污染物的种类、浓度、排放量，破坏生态的方式、范围、程度，以及行为对损害后果所起的作用等因素确定。《最高人民法院关于审理环境侵权责任纠纷案件适用法律若干问题的解释》（2020年修正）第四条也有类似的规定。因此，污染物种类、排放量、危害性等是确定责任的主要因素。本案中，无论是科技公司、袁某经营期间，还是杨某承包经营期间，都属于无排污许可证排放，且污染物种类、危害性相同或相当，无法根据上述因素进行确认。因此，只有确定各责任主体污染物排放量，才能作为确定责任的依据。用电量作为国民经济统计方面的一项重要指标，是经济发展的晴雨表，对企业生产经营而言，用电量也与企业的产出成正比。本案中，根据袁某与科技公司、杨某承包经营期间用电量数量的比较，可以推定杨某经营期间产量较少，产生的污染物较少，对环境的污染损害程度较轻，而袁某与科技公司经营期间产量较多，产生的污染物较多，对环境的污染损害程度较重。故此，创造性地引入各个侵权责任主体经营期间用电量作为确定各侵权人责任比例的依据，具有客观性、科学性。

其次，不同经营期间分别参与承包经营的排污者，应否承担连带责任。《最高人民法院关于审理环境侵权责任纠纷案件适用法律若干问题的解释》第三条第一款规定，两个以上侵权人分别实施污染环境、破坏生态行为造成同一损害，每一个侵权人的污染环境、破坏生态行为都足以造成全部损害，被侵权人根据民法典第一千一百七十一条规定请求侵权人承担连带责任的，人民法院应予支持。不同期间分别排污属于分别实施污染行为的情况，判断每个污染行为是否足以造成全部损害是能否适用本款的关键。本款中的“足以”并不是指每个污染行为都实际上造成了全部损害，而是指即便没有其他污染行为的共同作用，独立的单个污染行为也可能造成全部损害。本案中，前后经营者先后实施了污染环境的行为。杨某作为后期参与承包经营的污染者，其污染环境的侵权行为虽然与前期经营者污染环境行为之间不存在意思联络，不构成基于共同实施侵权行为应当承担的连带责任，但是，杨某使用同一套设备、生产同样的产品、排放的污染物与前期经营者排放的污染物相同，前后经营者分别实施的污染环境行为造成的损害性质相同，属于同一损害，且每个人的污染环境的行为都足以造成渗坑周围土壤的全部损害，前后污染者依法应承担连带责任。

编写人：山东省聊城市中级人民法院　陈闪

36

消除危险代履行费用的确认

——某市人民检察院诉吴某平等环境污染责任案

【案件基本信息】

1. 裁判书字号

江西省高级人民法院（2020）赣民终476号民事裁定书

2. 案由：环境污染责任纠纷

3. 当事人

公益诉讼起诉人（上诉人）：某市人民检察院

被告（被上诉人）：黄某龙、吴某平、蔡某东、田某洪、杨某宇、傅某文、邱某万、罗某刚、叶某、杨某、贺某、王某明、杨某平、贺某庆、李某军、张甲、张乙

【基本案情】

2017年7月，蔡某东、傅某文与黄某龙预谋从福建到江西非法生产麻黄碱牟利，并与田某洪到某山庄查看场地，与某山庄经营者吴某平协商租用事宜。租赁协议签订后，黄某龙及蔡某东委托吴某平请人建好工棚、挖水池（水池未硬化）。9月，田某洪邀集杨某宇，杨某宇联系了叶某、贺某庆、杨某平，该三人邀集李某军、邱某万、罗某刚、张甲、杨某、贺某、王某明、张乙到某山庄，进行了管理、生产分工。同月，吴某平发现自己的饮用井水被污染，有酒精味且呈黄色，后经上栗县疾控中心化验，检验报告显示锰超标，吴某平与蔡某东交涉赔偿水井被污染的费用，索得20万元。此后，蔡某东、傅某文将第一次非法生产的500千克麻黄碱运到四川省某地销售，其他人员撤到福建龙岩等地。11月，吴某平电话告知蔡某东等人井水已恢复正常。傅某文便带部分人回到某山庄将废水池的污水清理完毕，吴某平请人将水池用水泥硬化。2018年1月23日，参与第一次非法生产的蔡某东等所有人员再次来到某山庄，其中张甲邀集到张乙。1月25日，主料溴代苯丙酮被送到某山庄后，蔡某东等人开始生产。2月1日，废水池水满，需将废水抽到山上，吴某平在当天帮忙购得新水泵一台并进行了安装，水管的另一端放置在某山庄的树林里。次日凌晨，公安机关在某山庄现场查获制毒物品。

某市人民检察院提起民事公益诉讼，要求判令吴某平等17人对包含但不限于非法生产制毒物品过程中产生的废水、废渣等遗留在现场的污染源立即进行清理，消除污染环境的危险。如无法自行清理，则需承担由此产生的合理费用。

【案件焦点】

危险废物的处置需适用代履行，公益诉讼起诉人未确定消除危险费用的金额，亦未申请司法鉴定的，如何确认消除危险的代履行费用。

【法院裁判要旨】

江西省萍乡市中级人民法院经审理认为：首先，侵权行为与环境损害后果之间存在因果关系。各被告在某山庄生产制毒物品，在生产过程中排放在土壤中的废水超过100吨。检测报告以及司法鉴定意见书能够证明各被告排放污染物的行为与损害结果之间存在因果关系。污染者应当承担其行为与损害结果之间不存在因果关系的举证责任，各被告均未就此提交证据予以证明。故各被告的排污行为与环境损害结果之间存在因果关系。

其次，在消除危险的责任主体和费用确定方面，各被告均直接参与非法生产行为或为该行为提供帮助，且现场遗留的污染源包括原材料、半成品等，无论第一次非法生产还是第二次非法生产，均需要使用原材料、利用生产车间、完成制造工序、制作半成品或成品等，行为人均应承担消除危险的责任。如各被告未能在确定的期限内合理处置，则需承担代履行的费用。因某市人民检察院在提出该项诉讼请求时未能确定消除危险费用的具体金额，亦未向本院申请司法鉴定，故本院采取比较法和参考报价法综合确定本案消除危险的费用。

根据《中华人民共和国固体废物污染环境防治法》第五十七条规定，危险废物的产生者必须按照国家有关规定处置危险废物，处置危险废物的行为需要经过行政许可，一般的个人不得擅自经营。各被告在现场遗留的盐酸、甲苯等危险废物，依照法律规定应委托具备相应资质的单位进行处理，各被告可在限期内自行委托有关单位进行专业处置。本案中，各被告未在本院指定的期限内及时消除危险，则应当承担代履行的费用。国家未对危险废物处置费用统一标准，根据《国家发展改革委、国家环保总局、卫生部、财政部、建设部关于实行危险废物处置收费制度促进危险废物处置产业化的通知》，危险废物处置收费的具体原则和办法由各省、自治区、直辖市价格主管部门制定。江西省尚未出台有关危险废物处置具体收费标准。而危险废物处置收费的具体标准具有市场性，与各省份的经济发展水平、各处置单位的技术条件和经营情况、各单位自主确定的盈利空间范围等因素息息相关，同时费用的确定也应当结合危险废物的种类、处理技术要求、运输路途和难度等各种因素。本案中，各被告在非法生产时所遗留的危险废物等污染源在某山庄，危险废物的处理需要花费一定的运输、转移成本。检察机关提交了本省具备资质的工业服务公司报价，且报价针对本案具体的污染源类型分类确定了价格，对本案具有参考价值。根据该报价单确定的涉及本案各类危险废物的处理单价，以检察机关起诉明确的物品数量和种类，综合考虑现场遗留的其他物品情况，同时对比其他省份的收费标准，酌情认定消除危险的费用为200万元。

再次，在污染环境责任主体以及责任方式方面，根据《中华人民共和国土壤污染防治法》第四条规定，无论是生产经营行为，还是使用排放行为等对土壤造成污染的，均应当承担责任。各被告非法生产制毒物品且在土壤中排放废水，严重污染了土壤环境。本案的制毒行为存在两个阶段，第一次制毒排污水池未硬化，污水直接向土壤渗入，第二次制毒排污水池用水泥进行了硬化，故两次排污行为所造成的土壤污染程度具有明显差异。本案诉争的土壤污染损害结果主要系第一次制毒行为所造成，故黄某龙等直接参与第一次非法生产行为的被告，均应当承担连带侵权责任。

吴某平为其他被告实施侵权行为提供场地、搭建工棚、挖水池等，还负责为非法生产者购买日常生活用品，且在明知生产行为存在污染的情况下，主动联系违法者、放任污染环境行为的发生，应当作为本案污染环境的责任主体，并与其他行为人承担连带责任。酌情认定其对环境损害费用1509万元的5%承担连带责任。

张乙参与第二次生产行为，其在生产、贮存、处置、排放有毒有害物质时对土壤造成了污染，其仅对第二次非法生产行为承担污染环境损害责任，酌情认定连带承担比例为5%。

最后，在本案污染环境责任金额的确定以及是否需要公开赔礼道歉方面，虽然大部分被告均同意自行修复，但都表示没有这个能力，也未提出修复方案。结合司法鉴定意见以及各被告依法需承担刑事责任，部分被告在逃等情形，各被告承担本案污染环境责任的内容应为环境损害责任。生态环境损害价值主要根据将生态环境修复至基线需要开展的生态环境恢复工程措施的费用进行计算，同时，还应包括生态环境损害开始发生至恢复到基线水平的期间损害。根据司法鉴定意见书确定环境损害赔偿金额为1509万元。

关于应急处置费用与鉴定费用，本案事件发生后，有关部门及时委托专业机构对环境污染情况进行检测并采取相关措施，司法鉴定费用为 2.6 万元，予以确认。根据本案《技术咨询合同》以及发票，鉴定费的金额可以确认为 165 万元。因此，应急处置费用与鉴定费合计 167.6 万元。

关于是否需要公开赔礼道歉。本案系违法犯罪行为产生的环境公益诉讼，除黄某龙外，各被告均因污染环境罪已被追究刑事责任，已经公开接受了刑法的惩罚，对给社会公众造成的精神影响起到了一定的弥补作用。环境侵权纠纷中的赔礼道歉是一种人格恢复性责任方式，主要弥补的是社会公众享有美好生态环境精神利益的损失。绝大部分被告在公开开庭审理过程中对污染环境的行为认识到了错误且主观上有弥补的意愿，加之其已被追究刑事责任限期剥夺了自由，故对于某市人民检察院主张的由各被告公开赔礼道歉的诉讼请求，不予支持。

江西省萍乡市中级人民法院依照《中华人民共和国侵权责任法》第九条、第六十五条、第六十六条、第六十七条，《中华人民共和国土壤污染防治法》第四条，《中华人民共和国固体废物污染环境防治法》第五十七条，《最高人民法院关于审理环境民事公益诉讼案件适用法律若干问题的解释》第十三条、第十九条、第二十二条规定，判决如下：

一、各被告于判决生效后十五日内清理非法生产制毒过程中产生的废水、废渣等遗留在现场的所有污染源和污染物品，消除危险。如其在上述期限内未履行该义务，则应立即向法院指定的账户连带支付危险废物处置费用 200 万元，作为代履行费用；

二、黄某龙、蔡某东、田某洪、杨某宇、傅某文、邱某万、罗某刚、叶某、杨某、贺某、王某明、杨某平、贺某庆、李某军、张甲于本判决生效后十五日内向本院指定的账户连带支付环境损害赔偿费用 1509 万元；

三、张乙在上述第二项判决确定的费用中以 75.45 万元为限额与其他被告承担连带责任；

四、吴某平在上述第二项判决确定的费用中以 75.45 万元为限额与其他被告承担连带责任；

五、各被告于本判决生效后十五日内向本院指定的账户支付应急处置费用2.6万元、鉴定费用165万元；

六、驳回某市人民检察院的其他诉讼请求。

某市人民检察院不服一审判决，提起上诉。在二审审理中，某市人民检察院以吴某平等人在二审期间已公开向社会公众赔礼道歉，其上诉请求均已实现为由，要求撤回上诉。江西省高级人民法院经审理认为：某市人民检察院在本案审理期间提出撤回上诉的请求，不违反法律规定，予以准许。

江西省高级人民法院依照《中华人民共和国民事诉讼法》第一百七十三条规定，裁定如下：

准许某市人民检察院撤回上诉。一审判决自本裁定书送达之日起发生法律效力。

【法官后语】

一、明确消除危险代履行费用的性质

代履行是指当事人拒绝履行或者没有能力履行义务时，行政机关决定由行政机关或第三人代替当事人履行义务，履行费用由当事人承担。该制度源于行政强制法的规定，适用范围也限于后果已经或者将危害交通安全、造成环境污染或者破坏自然资源的情形，并非任何可替代履行的义务均可适用。环境污染的修复以及危险物清理往往需要大额的资金和专业的技术，而侵权人依靠自身的条件往往达不到修复的实际要求。代履行制度可以解决这一痛点，其核心在于替代义务并非免除责任。[①] 而危险废物的产生者必须按照国家有关规定处置危险废物，而不得擅自处置[②]。同时，处置危险废物的行为需要经过行政许可，一般的个人不得擅自经营。因此，消除危险的代履行行为，本质上符合代履行制度的本质特征，涉及有关机关、有资质的第三人和侵权者三方主体。这种代

① 徐尚：《生态环境损害代修复制度研究——以〈民法典〉第1234条的完善为视角》，载《市场周刊》2021年第2期。

② 《中华人民共和国固体废物污染环境防治法》第五十七条。

履行并非强制手段，是具有资质的单位作为第三人以自己的名义代履行并收取相应的费用，费用最终由侵权人承担。

二、消除危险代履行费用的适用分歧

实践中，有观点认为侵权人在合理期限内无法消除危险时，不能通过代履行方式来承担责任。认为代履行的费用按照成本合理确定，由当事人承担。[①]而行政机关代履行行为支出的合理费用可通过一定的法律程序向当事人追缴执行，在公益诉讼案件中不宜一并作出处理。因此，对于处置危险物品产生的消除危险代履行费用，法院不予支持。[②] 还有的法院认为代履行所产生的费用即使金额明确，也不属于民事诉讼受理范围。[③] 而认为侵权者应该承担代履行费用的，也对该笔费用属性认定不一。一种是认为消除危险的代履行费用属于应急处置费用，当突发环境事件导致人身损害、财产损害以及生态环境损害时，可以采取一定的行为来减轻或消除对公众健康、公私财产和生态环境造成的危害，这种费用是防止损害发生或者扩大而支出的应急处置费用。[④] 例如，有观点认为环保机关为了防止污染扩大委托没有利害关系且具有资质的第三人履行清污工作并开具了增值税发票，该项费用应当由侵权者支付相应费用。[⑤] 也有观点认为消除危险的代履行费用是清除污染费，为了及时有效地清除、清理环境污染行为造成的后果而采取必要、合理措施所产生的费用。

---

① 《中华人民共和国行政强制法》第五十一条。

② 广东省高级人民法院（2019）粤民终465号民事判决书，载中国裁判文书网，https://wenshu.court.gov.cn/website/wenshu/181107ANFZ0BXSK4/index.html?docId=808f752d3b024d7da07fac8400aebc04，2022年2月10日访问。

③ 山东省滨州市中级人民法院（2020）鲁16民终1448号民事裁定书，载中国裁判文书网，https://wenshu.court.gov.cn/website/wenshu/181107ANFZ0BXSK4/index.html?docId=013205483f6a4d4fae67abbf009ad716，2022年2月10日访问；甘肃矿区人民法院（2019）甘95民初4号民事判决书，载中国裁判文书网，https://wenshu.court.gov.cn/website/wenshu/181107ANFZ0BXSK4/index.html?docId=cd05c0a1fa7f49a8b1d0ac0801224fe3，2022年2月10日访问。

④ 《突发环境事件应急处置阶段环境损害评估推荐方法》第3.3条。

⑤ 甘肃省兰州市中级人民法院（2021）终2305号民事判决书，载中国裁判文书网，https://wenshu.court.gov.cn/website/wenshu/181107ANFZ0BXSK4/index.html?docId=b419945482c74d9ea4c1ad500185c482，2022年2月10日访问。

进一步而言，实践中，对于危险废物的处置费用尚无统一的标准，通过在中国裁判文书网检索，环境污染责任纠纷中涉及危险处置费用的案例不到10件，认定的费用主要有三种情况：一种是依照有关机构给出的咨询意见；[①] 另一种是实际开具的票据；[②] 还有一种是支付相应的代履行费用，但未明确具体金额。[③] 上述费用确定标准均有一定的弊端，有的咨询意见只是粗略描述后的建议，没有具体的费用组成。有的意见给出的费用标准较高，难以实现客观公正。有的票据不能够真实反映客观实际，当出现跟市场指导价相悖的情况时，仅依靠法官的自由裁量权判定实际发生的处置费用是否合理，具有较大的片面性和随意性。而指出支付相应的代履行费用，却不明确具体金额，既没有回应当事人的诉请，也没有发挥法律定分止争的作用。

三、构建确定消除危险代履行费用的规则

为了更好地消弭适用分歧，法院在审理此类案件时，可以横向对比各省市区县收费标准，纵向考虑危险废物种类、运输、储存、转移等各项因素。通过纵横交错的衡量体系来确定消除危险的代履行费用，构建确定消除危险代履行费用的规则。

（一）各省市区县收费标准的横向对比

根据《关于实行危险废物处置收费制度促进危险废物处置产业化的通知》，国家未对危险废物处置费用统一标准，具体收费标准由设区的城市人民政府价格主管部门商有关部门制定，报该政府批准执行，并报省级价格主管部门备案。而江西省尚未出台有关危险废物处置具体收费标准，通过查询其他省份相关材

---

① 湖南省郴州市中级人民法院（2018）湘10民初3号民事判决书，载中国裁判文书网，https：//wenshu. court. gov. cn/website/wenshu/181107ANFZ0BXSK4/index. html？ docId = cc781c8fb6ca42f8a5bca9c40183d143，2022年2月10日访问。

② 甘肃省兰州市中级人民法院（2021）终2305号民事判决书，载中国裁判文书网，https：//wenshu. court. gov. cn/website/wenshu/181107ANFZ0BXSK4/index. html？ docId = b419945482c74d9ea4c1ad500185c482，2022年2月10日访问。

③ 河南省高级人民法院（2018）豫民终1525号民事判决书，载中国裁判文书网，https：//wenshu. court. gov. cn/website/wenshu/181107ANFZ0BXSK4/index. html？ docId = 89fc4e013e2448ba96dcaa9200fd352c，2022年2月10日访问。

料，目前，湖南省、四川省、海南省等地均对危险废物处置收费标准进行明确。

各地区有关危险废物处置收费标准

省份	标准	内容	文件	文号
四川	其他危险废物类，不含运输费用等。	焚烧工艺无害化处置的，不超过5元/千克； 固化+填埋方式无害化处置的，不超过4元/千克。	《四川省危险废物委托处置收费指导意见》	川发改价格〔2011〕1776号
海南	工业危险废物和社会源危险废物。	焚烧方式处置（含灰渣的固化及安全填埋）为4.5元/公斤； 采用固化填埋处置（含安全填埋）为3.6元/公斤； 采用物化填埋处置（含滤渣的固化及安全填埋）为3.6元/公斤。	《海南省人民政府办公厅关于加强危险废物污染防治工作的意见》	琼府办〔2018〕31号
湖南	危险物品，不含收集、运输费用。	高温焚烧处置为3元/公斤； 采用物化处理填埋为2.9元/公斤。	《湖南省发展和改革委员会、湖南省环境保护厅关于危险废物处置收费有关问题的批复》	湘发改价费〔2018〕658号

表内各个地区的收费标准是根据各地行业收费水平及经济发展状况来确定的，有的包含危险废物收集、运输、贮存和处置全过程的费用，有的规定对于收集、运输费用由处置双方另行协商确定。综合考虑，涉及本案危险废物的处置收费存在两个标准，一是包括运输、储存、转移费用的为65元至80元每公斤不等；二是不包括收集、运输费用约为3元至5元每公斤不等。就本案而言，依据刑事判决确认的危险物品以及废液的重量达到60000多千克，参考上述收费标准含运费在390万元至480万元不等，不含运费就在20万元至30万元之间。

（二）核心因素的纵向考量

实践中危险废物处置费用的计算主要还在于运输、储存、转移过程中所发生的费用之差。根据《关于实行危险废物处置收费制度促进危险废物处置产业化的通知》规定，危险废物处置收费（不包括放射性废物送贮费）为经营服务性收费，其收费标准应按照补偿危险废物处置成本，合理盈利的原则核定。成本主要包括危险废物收集、运输、贮存和处置等过程中发生的运输工具费、材料费、动力费、维修费、设施设备折旧费、人工工资及福利费、保险费。

危险废物处置收费的具体标准具有市场性，与各省份的经济发展水平、各处置单位的技术条件和经营情况、各单位自主确定的盈利空间范围等因素相关，同时费用的确定也应当结合危险废物的种类、处理技术要求、运输路途和难度等各种因素。本案中，各被告在非法生产时所遗留的危险废物等污染源在某山庄，危险废物的处理需要花费一定的运输、转移成本。检察机关提交了本省具备资质的服务公司报价，该报价针对具体的污染源类型进行了分类确定价格，对本案具有参考价值。根据该报价单确定的处理单价，以及检察机关起诉明确的物品数量和种类，综合考虑现场遗留的其他物品情况，同时对比其他省份的收费标准，酌情认定消除危险的费用为200万元。

四、延伸:《中华人民共和国民法典》施行后的最新适用

本案是《中华人民共和国民法典》施行之前审理的环境污染责任纠纷案，主要依据是《中华人民共和国侵权责任法》和2015年施行的《最高人民法院关于审理环境侵权责任纠纷案件适用法律若干问题的解释》、2019年施行的《最高人民法院关于审理生态环境损害赔偿案件的若干规定（试行）》，在损害赔偿内容尚不具体的情形下，根据原因行为的私益和公益损害的特征，充分考虑生态环境修复的专业性、复杂性、系统性、统筹性。明确要对危险废物进行及时处理，防止进一步恶化当地的土壤、水源、大气环境，并进一步采用对比法构建衡量体系确定代履行费用衡量标准。该种做法，回应了生态环境损害赔偿的现实需要，符合《中华人民共和国民法典》对生态环境严格保护的精神。

《中华人民共和国民法典》侵权责任编新增“生态破坏责任”，将原“环境污染责任”延展为“环境污染和生态破坏责任”。而两种侵权责任之间差异较

大，“环境污染责任”是以生态环境为媒介侵害民事主体的人身或财产权益，需要通过特定的民事主体主张侵权责任来间接实现环境治理；“生态破坏责任”也称“生态损害赔偿责任”，是以生态环境本身为侵害对象所导致的损害，可以直接实现环境治理。[①] 前者更多地关注人的损害，[②] 后者的生态损害可以理解为集体损害，[③] 在体系上整合了“损害”的概念。在此基础上，《中华人民共和国民法典》第一千二百三十五条新增生态环境损害公益诉讼的赔偿范围，明确“国家规定的机关或者法律规定的组织”有权请求侵权人赔偿，为今后类似本案的环境公益诉讼案件审理明确了适用依据，有助于通过民事侵权责任的方式全面实现对生态破坏的救济，实现社会共治。

此外，《中华人民共和国民法典》明确五个方面的生态环境损害赔偿内容，丰富了生态环境损害责任的执行方式。规定侵权人在合理期限内承担修复责任，否则需要支付代履行费用。[④] 然而，生态环境修复责任并不涵盖消除危险责任。根据《中华人民共和国民法典》第一千二百三十五条规定，生态环境损害赔偿责任涵盖的损失和费用包括：（一）生态环境受到损害至修复完成期间服务功能丧失导致的损失；（二）生态环境功能永久性损害造成的损失；（三）生态环境损害调查、鉴定评估等费用；（四）清除污染、修复生态环境费用；（五）防止损害的发生和扩大所支出的合理费用。本案涉及其中第四项、第五项，二者并不相同，清除污染费用强调的是及时有效地清除、清理环境污染行为造成的后果而采取必要、合理措施所产生的费用；防止损害的发生和扩大所支出的合理费用，属于应急处置费用中的防范性措施费用，强调的是为防止、遏制环境损害发生、扩大，所采取的或者将要采取的必要、合理措施产生的费用。当发生环境污染、生态破坏事件后，应根据当下的损害调查和监测结果，初步确定污染因子、类型、对象、扩散途径等内容，开展应急处置。在费用归属上，除

---

① 周友军：《〈民法典〉侵权责任编的守成与创新》，载《当代法学》2021 年第 1 期。

② 李承亮：《侵权责任法视野中的生态损害》，载《现代法学》2010 年第 1 期。

③ ［德］马格努斯主编：《侵权法的统一：损害与损害赔偿》，谢鸿飞译，法律出版社 2009 年版，第 292 页。

④ 《中华人民共和国民法典》第一千二百三十四条。

去可以纳入第四项的清除污染费用外，属于第五项规定的内容。[①] 今后类案的处理，应当根据具体情形，明晰消除危险的代履行费用性质，再通过综合衡量，将具体考量的因素和考量的幅度纳入体系当中，从而统一裁判尺度，贯彻绿色原则。

编写人：江西省萍乡市中级人民法院　黄薇　颖澍

37

未遵循行政处罚法定程序作出的行政行为应确认无效

——某市人民检察院诉某市水利局未依法履行长江采砂监督管理法定职责公益诉讼案

【案件基本信息】

1. 裁判书字号

江苏省江阴市人民法院（2019）苏 0281 行初 110 号行政判决书

2. 案由：未依法履行长江采砂监督管理法定职责公益诉讼

3. 当事人

公益诉讼起诉人：某市人民检察院

被告：某市水利局

第三人：黄某跃、黄某华

【基本案情】

2011 年 1 月 10 日、2 月 17 日，2012 年 6 月 20 日、7 月 17 日，黄某跃在长

---

① 最高人民法院民法典贯彻实施工作领导小组主编：《中华人民共和国民法典侵权责任编理解与适用》，人民法院出版社 2020 年版，第 571~573 页。

江河道扬中段未经许可非法采砂。2014 年 3 月 13 日、11 月 12 日，2016 年 4 月 5 日、11 月 2 日，黄某华在长江河道扬中段未经许可非法采砂，又于 2014 年 7 月 3 日、2015 年 3 月 3 日驾驶采砂船违法停泊。针对黄某跃、黄某华的上述违法行为，某市水监大队（由某市水利农机局主管，某市水利农机局更名为某市水利局）分别对黄某跃作出 1.5 万元、1 万元、1 万元、1 万元的非法采砂罚款，对黄某华作出 0.4 万元、0.4 万元、1 万元、1 万元的非法采砂罚款及 0.5 万元、0.15 万元的违法停泊罚款，黄某跃、黄某华缴纳罚款后，某市水监大队向其开具了罚没款收据，对上述违法行为未予立案调查，未作出行政处罚决定。

某市人民检察院发现上述事实后，于 2018 年 4 月 28 日向某市水利农机局送达了检察建议书，认为某市水利农机局在查处第三人非法采砂过程中，存在违法情形。同年 6 月 26 日，某市水利农机局向某市人民检察院复函称：针对检察建议中提出的行政处罚存在违法情形要求纠正的建议，该局予以采纳。某市水监大队已找到黄某跃对其非法采砂行为进行调查，未找到黄某华，并将继续查找人证、物证，根据调查的事实依据，按照法定程序依法处罚。

2018 年 5 月 30 日，扬中市人民法院作出（2018）苏 1182 刑初 49 号刑事判决书，认定：马某平在担任某市水监大队大队长、某市水利农机局副局长兼某市水监大队大队长期间，收受非法采砂人员的财物，未按照法律规定的数额标准进行处罚，造成国家罚没款损失共计 140.4 万元。其中 2011 年 1 月 10 日、2 月 17 日，2012 年 6 月 20 日、7 月 17 日，2014 年 3 月 13 日、11 月 12 日，某市水监大队对黄某跃非法采砂行为进行处罚时，仅处以罚款合计 5.3 万元，均低于法定最低处罚标准 10 万元，至少造成国家罚没款损失合计 54.7 万元。马某平利用职务之便，先后 8 次收受黄某跃贿赂的人民币共计 7.1 万元。2018 年 12 月 28 日，扬中市人民法院作出（2018）苏 1182 刑初 272 号刑事判决书，判决黄某跃犯行贿罪、非法采矿罪，数罪并罚决定执行有期徒刑一年六个月，缓刑二年；对黄某跃的非法所得人民币 41.58 万元依法予以没收，上缴国库。

黄某跃、黄某华系弟兄关系，黄某跃雇用黄某华为其管理采砂船。2019 年

8月27日，某市水利局对黄某跃于2011年1月10日、2月17日，2012年6月20日、7月17日，2014年3月13日、11月12日未办理河道采砂许可证擅自在长江河道采砂的违法行为分别予以立案调查，某市水利局于2020年9月3日分别对黄某跃作出扬水行罚字（2020）第11号、第12号、第13号、第14号、第15号、第16号行政处罚决定，分别对其罚款10万元，并于2020年9月8日向黄某跃进行了送达。

【案件焦点】

1. 某市水利农机局所作行政行为是否合法；2. 某市水利局在本案审理期间针对黄某跃部分非法采砂行为重新作出行政处罚决定，是否表明其已依法履行职责或纠正了违法行为；3. 对某市人民检察院主张遗漏的处罚事项，某市水利局应否继续履职。

【法院裁判要旨】

江苏省江阴市人民法院经审理认为：某市水利农机局本应依据相关法律法规对黄某跃、黄某华的违法行为进行立案调查，全面客观收集证据，履行告知义务，并根据违法情节的轻重依法在法定处罚标准内作出行政处罚，但实际执法过程中，其下属执法部门仅根据所谓的违法行为人能接受处罚的能力随意作出罚款行为，又因执法人员与黄某跃之间存在不正当利益往来，未遵循立案、调查、告知、听证、作出行政处罚决定等行政处罚法定程序，未认定违法事实，未明确适用的法律依据，未没收违法所得及非法采砂机具，未作出书面行政处罚决定，行政机关负责人集体讨论决定的机制完全失效，且任意降低罚款标准，违反罚执分离原则，未保留相关案卷材料，该罚款行为属于“重大且明显违法”的行为。故某市水利农机局对黄某跃、黄某华所作的单处罚款的行政处罚应属无效行政行为，应自始无效、当然无效、绝对无效。

某市水利局于本案审理期间对黄某跃涉案的6次非法采砂行为进行了立案、调查，履行了听证告知等义务，但因某市水利局在违法行为查处之初未全面客观收集证据、未保留案卷材料等原因，导致现在无法查明黄某跃的非法采砂量，采砂船去向不明，既无法认定其违法所得，又无法没收非法采砂机具，黄某跃的违法行为已无法得到全面有效的处罚，其违法后果亦不能得到有效纠正。某市水利局根据现有证据对黄某跃作出行政处罚决定，已履行了法定职责。某市人民检察院要求某市水利局对该部分非法采砂行政违法行为重新作出行政处理的诉讼主张已得到了实现。某市水利局对黄某跃、黄某华在询问笔录中确认的其余非法采砂及违法停泊的违法行为亦应立案予以调查，上述行政违法行为有无被（2018）苏1182刑初272号刑事判决书认定的违法事实所涵盖尚不明晰，某市水利局应根据调查结果分别依法作出行政处理。但某市水利局至今仍未履行该查处职责，因此某市人民检察院要求某市水利局对黄某跃、黄某华的违法行为继续履职的诉讼请求，有事实依据和法律依据，予以支持。

江苏省江阴市人民法院根据《中华人民共和国行政诉讼法》第七十二条、第七十五条，《最高人民法院、最高人民检察院关于检察公益诉讼案件适用法律若干问题的解释》第二十五条第一款第一项规定，判决如下：

一、确认原某市水利农机局对黄某跃分别于2011年1月10日、2月17日，2012年6月20日、7月17日作出的行政处罚无效；

二、确认原某市水利农机局对黄某华分别于2014年3月13日、7月3日、11月12日，2015年3月3日，2016年4月5日、11月2日作出的行政处罚无效；

三、责令某市水利局于本判决发生法律效力之日起六十日内对黄某跃于2016年4月5日、11月2日在长江河道扬中段未经许可非法采砂，于2014年7月3日、2015年3月3日采砂船舶违法停泊的违法行为依法作出处理。

【法官后语】

本案系一起环境行政公益诉讼案件，主要的争议焦点在于：某市水利农机局未遵循行政处罚法定程序作出的行政行为的效力如何认定。

一、行政公益诉讼的受理条件

行政公益诉讼是指检察院认为行政主体行使职权的行为违法，侵害了公共利益或有侵害之虞时，为维护公共利益，向行政机关提出检察建议，督促其依法履行职责。行政机关不依法履行职责的，人民检察院依法向人民法院提起诉讼的制度。行政公益诉讼的案件范围是生态环境和资源保护、国有资产保护、国有土地使用权出让等领域负有监督管理职责的行政机关违法行使职权或者不作为，造成国家和社会公共利益受到侵害的案件，对生态环境和资源保护领域的案件提起行政公益诉讼是其中的重点。《最高人民法院、最高人民检察院关于检察公益诉讼案件适用法律若干问题的解释》第二十一条、第二十二条规定，人民检察院发现生态环境和资源保护等领域负有监督管理职责的行政机关违法行使职权或者不作为，致使国家利益或者社会公共利益受到侵害时，有提出建议和提起诉讼的职权。

本案中，某市水利局作为长江某市段水行政主管部门，负有对管辖区域内非法采砂行为予以查处的职责。某市检察院在履职过程中发现该水利局在行政处罚过程中存在违法情形并向其发送了检察建议书，但该水利局收到检察建议书知晓上述事实后，未在规定期限内采取积极的处理措施向第三人进行调查、作出处理，使得第三人的非法采砂活动对长江生态、水文及航道安全的破坏未得到有效消弭，受侵害的公共利益未能得以恢复。某市检察院遂提起本案公益诉讼，其在立案时提供了某市水利局不作为可能造成国家和社会公共利益受到侵害的初步材料，以及其履行诉前程序的相关证据，某市检察院的起诉符合法定受理条件。

二、无效行政行为的认定

无效行政行为是指已经成立的行政行为由于重大、明显违法而不具有公定力，从而自始、当然、确定不发生法律效力的行政行为。行政公益诉讼中，被告是违法行使职权或者不作为的行政机关或者法律、法规、规章授权的组织，检察机关向人民法院提起公益诉讼的请求包括撤销违法行政行为、在一定期限内履行法定职责、确认行政行为违法或无效。本案中，检察机关即请求确认某市水利局在查处第三人的行政违法行为时处罚程序违法、遗漏处罚事项违法、降低罚款标准行为违法，责令某市水利局对第三人的行政违法行为重新作出行政处理。《中华人民共和国行政诉讼法》第七十五条对确认无效判决作了规定：“行政行为有实施主体不具有行政主体资格或者没有依据等重大且明显违法情形，原告申请确认行政行为无效的，人民法院判决确认无效。”关于程序明显违法是否是确认无效的理由，实践中存有争议。理论上，程序本身的重大明显违法与结果的公正并不具备先天、必然的联系。但事实上，一个行为违反法定程序是否会影响结果公正，也很难作出准确判断。《中华人民共和国行政处罚法》(2017年修订)第三条第二款规定：“没有法定依据或者不遵守法定程序的，行政处罚无效。”行政处罚应遵循合法行政、程序正当原则，且从保护行政相对人利益的角度出发，应当将“行政机关不遵守法定程序，构成重大且明显违法”认定为无效事由。

本案中，某市水利局在实际执法过程中未遵循立案、调查、告知、听证、作出行政处罚决定等行政处罚法定程序，未认定违法事实，未明确适用的法律依据，未作出书面行政处罚决定，行政机关负责人集体讨论决定的机制完全失效，且任意降低罚款标准，违反罚执分离原则，严重违反了合法行政及程序正当原则。其作出的单处罚款的行政处罚，即属于“重大且明显违法”情形，应确认无效。

三、无效行政行为的法律后果

一般情况下，由于行政行为具有公定力，行为自作出之时即推定其合法有效，发生法律效力。但当行政行为的违法程度达到重大、明显的标准时，则不能推定其合法有效，行政行为自始无效、当然无效。行政行为被确认无效后，原则上应当尽可能恢复到作出行政行为以前的状态。

本案中，某市水利局单处罚款的行政行为被确认无效后，因黄某跃非法采砂、违法停泊等行为导致国家利益、社会公共利益受到的侵害及损失仍需要弥补，某市水利局应依据法律法规对黄某跃的违法行为重新作出行政处罚。虽某市水利局在案件审理中对黄某跃的六次违法行为作出了行政处罚决定，部分履行了法定职责，但对其余非法采砂及违法停泊的违法行为仍未履行查处职责，因此某市水利局对黄谋跃的违法行为应继续履职。

长江具有丰富的江砂资源，不仅具有重要的经济价值，而且对保障防洪、通航和生态安全具有重要意义。本案通过判决确认行政执法机关的行政处罚无效，督促行政执法机关完善执法机制，依法严厉打击非法采砂行为，真正体现了环境行政公益诉讼的价值。

编写人：江苏省江阴市人民法院　孙妍　李宇璐

八、其他环境资源案

38

轻信已获批准而采伐林木的行为构成滥伐林木罪

——赵某某滥伐林木案

【案件基本信息】

1. 裁判书字号

山东省济南市历城区人民法院（2020）鲁 0112 刑初 132 号刑事判决书

2. 案由：滥伐林木罪

【基本案情】

2016 年下半年，某公司某高速公路改扩建工程项目主体工程第六标段项目经理部（以下简称第六标段项目经理部）因工程施工，需要临时征占某村段北侧部分标的外绿化带，用于存放施工机械。2016 年 7 月，在街道办事处的协调下，第六标段项目经理部与某村委会协商，租用该村含绿化带部分的 7 亩林地 3 年（2017 年 10 月 10 日~2020 年 10 月 10 日），并负责办理临时占地和林木采伐手续，在租期届满第六标段项目经理部负责土地复垦。因工期紧迫，街道办和第六标段项目经理部先后催促某村尽快清理地上物，并谎称采伐证正在办理。某村村主任赵某某，村书记汝某某，村委委员张某某、刘某某为此召开会议，决定在当年中秋节（2017 年 10 月 10 日）前以村委会的名义把 100 多棵树（其中在现场勘验笔录中登记地径的 26 棵树木立木蓄积为 19.3 立方米）卖掉，并由赵某某具体负责。赵某某轻信第六标段项目经理部能够取得采伐许可证，在涉案林木采伐许可证尚未办理的情况下，便组织人员对涉案土地上的树木进行砍伐销售，得款 9300 元，并将该款存入村集体的账户内。

【案件焦点】

1. 被告人赵某某是否构成滥伐林木罪；2. 被告人赵某某是否符合减免刑罚的法定条件。

【法院裁判要旨】

山东省济南市历城区人民法院经审理认为：关于采伐树木的立木蓄积的计算。公诉机关提供了现场勘验笔录和司法鉴定中心东营分中心出具的物证鉴定意见书。但用于鉴定被伐树木立木材积的勘验笔录无相应的照片、棵数、地径的测量记录，在案材料仅为数据，且无现场见证人员。侦查机关无原始资料保存，无法重新鉴定。在案仅有 5 个树桩的测量照片，该 5 棵树的立木蓄积仅为 4 立方米，有地径测量数据登记的 26 棵树木的立木材积为 19 立方米。又有被告人赵某某供述涉案树木 140 多棵，证人汝某某的证言涉案树木 100 多棵，涉案树木立木蓄积可以认定超过 20 立方米，但是否达到鉴定意见给出的涉案林木总蓄积量为 116.8213 立方米存疑，对该鉴定意见得出总蓄积量为 116.8213 立方米的结论不予采信。

关于被告人赵某某的犯罪故意。首先，林业部门称 2016 年 9 月至 10 月未受理过位于某高速北侧伐树的申请，亦未办理此采伐证。赵某某和汝某某分别问询某公司和街道办，得到采伐证在办理中和已办好的虚假答复。可见赵某某知道伐树需要办理采伐证，但其轻信某公司和街道办的答复，未核实采伐证的办理情况，具有间接故意。其次，树木采伐是在某公司和街道办的催促下，村两委共同讨论决定的，并非赵某某个人意志，其仅是采伐行为的组织者。砍伐涉案树木意见的提出属于多因一果。

关于本案的社会危害性。某高速拓宽工程为重点工程，某村的涉案土地在临时用地范围内，临时用地可行性报告批复时间较晚（2016 年 10 月）。该林地势必被占有，街道办、某村委会、赵某某为工程赶进度，积极配合某公司，除未及时办理采伐证外，并无其他不当之处，亦未造成其他不良影响。某高速沿线，某村东北侧甲村村委会的采伐证办理时间为 2016 年 7 月 26 日，某村西南侧乙村的采伐证办理时间为 2016 年 7 月 21 日。某村即便等候办理采伐证，考虑到办证时间，也仅是需要推迟采伐半个月左右。已办理采伐许可证的村庄不仅有永久占地，也有临时用地，某村为临时用地，也应该办理采伐证，否则将存在临时用地可行性计划变更，该涉案地块调整出原计划的风险。

本院认为，被告人赵某某违反相关法律规定，在未取得采伐许可证的情况下，组织实施了林木采伐，数量较大，其行为构成滥伐林木罪。本案系多因一果，赵某某具有自首情节，犯罪情节轻微，不需要判处刑罚，可免予刑事处罚。辩护人提出的赵某某不构成犯罪的理由不成立，不予采纳。

山东省济南市历城区人民法院根据被告人赵某某的犯罪事实、犯罪性质、情节、悔罪表现，对被告人赵某某依照《中华人民共和国刑法》第三百四十五条第二款、第六十七条第一款、第三十七条及《最高人民法院关于审理破坏森林资源刑事案件具体应用法律若干问题的解释》第五条第一款第一项、第六条规定，判决如下：

被告人赵某某犯滥伐林木罪，免予刑事处罚。

【法官后语】

林业资源是一项极其宝贵的自然资源，对改善人类生存环境具有十分重要的意义。但是，近年来，随着政府修建高速公路、房地产开发商建房等公益性、经济性行为的实施，以及一些林木盗伐者利欲熏心，导致一些林木被砍伐。我国森林法对砍伐林木有严格的规定，除农村居民采伐自留地和房前屋后个人所有的零星林木外，采伐林木必须事前申请采伐许可证，获得准许后方可采伐。其中对国有林业企业、事业单位、机关、团体、部队、学校和其他国有企业事业单位采伐林木的，由所在地县级以上林业主管部门审核发放采伐许可证；对铁路、公路的护路林和城镇林木的更新采伐，由林业主管部门和公路主管部门审核发放采伐许可证；对农村集体经济组织采伐林木的，由县级林业主管部门审核发放采伐许可证；对农村居民采伐自留山和个人承包集体的林木的，由县级林业主管部门或者其委托的乡、镇人民政府依照有关规定审核发放采伐许可证。如果未获得许可而擅自砍伐林木，达到数量较大的，就会被追究刑事责任。

本案被告人对砍伐林木须要事先获得批准是明知的，但其在未见到采伐许可证的情况下，仅是听说已获得许可便擅自采伐，其明知未获许可不得擅自采伐，在已经预见到擅自采伐是对森林资源和管理制度破坏的情况下，对是否获得采伐许可证持放任态度，其主观上存在间接故意。被告人此种间接故意相较于直接故意来说，并非直接追求犯罪后果，而是听之任之犯罪结果的发生，其主观恶性相对较小，但并非不具备刑罚非难的可能。被告人听之任之的主观态度，也反映了其对行为后果漠不关心，任由危害后果的发生，此种情况下如果达到数量较大的标准，也应当追究其刑事责任。深究入罪处罚的原因，是国家的法律法规对采伐林木行为有着严格的限制，说明法律不仅保护行为后果直接指向的法益即森林资源，也保护为该行为时的秩序性法益即森林资源管理、使用秩序，行为人在明知存在管理制度、规章等秩序性要求的情况下，仍放任结果的发生，首先是对森林资源的破坏，还有对采伐森林资源秩序的破坏，因此有必要入罪处罚。

需要说明的是，即使获得审批许可，但违反许可证规定的时间、数量、树种或者方式，任意采伐本单位所有或者本人所有的森林或者其他林木的；或超过林木采伐许可证规定的数量采伐他人所有的森林或者其他林木的；以及擅自砍伐权属确权之前的森林或者其他林木的，如果达到数量较大的入罪标准，也以滥伐林木罪论处。

法院在审理类似案件进行量刑考量时，不仅要考虑到行为人的主客观要件、方式手段等各方面情况，也必须考虑到犯罪行为的社会危害后果，如本案中被告人的犯罪情节轻微便被免予刑事处罚。

编写人：山东省济南市历城区人民法院　王闯　高立学

39

支付碳汇价值损失费可作为量刑情节予以考量

——昌某全盗伐林木案

【案件基本信息】

1. 裁判书字号

江西省吉安市青原区人民法院（2020）赣0803刑初161号刑事判决书

2. 案由：盗伐林木罪

【基本案情】

2020年7月2日，被告人昌某全携带油锯到某山场盗伐湿地松，后分两次将盗伐的湿地松制作成的原木111根出售，获取人民币1690元。经鉴定，被盗伐的湿地松折合立木蓄积4.8424立方米。两天后，昌某全再次前往该地盗伐，在锯湿地松时被护林员发现后逃离。此次盗伐湿地松16株，经裁剪成的58根原木被扣押在白云山林场富田工区。经鉴定，此次被盗伐的湿地松折合立木蓄积2.8667立方米。案发后，昌某全主动到公安机关投案，如实供述了其盗伐林木的犯罪事实，并将1690元赃款退回。在本案审查起诉过程中，公诉机关委托鉴定机构对被告人盗伐林木造成的生态环境损害补偿费用进行了鉴定。鉴定机构认为，森林系统的复杂性导致森林的很多生态功能价值难以进行量化计算，而目前林业碳汇方面可以量化森林生态价值，按照每生长1立方米林木蓄积、森林平均吸收约1.83吨二氧化碳，我国南方每亩林地每年核算一吨减排量计算，碳汇交易价格为每吨20元左右；湿地松造林需在郁闭成林、成材后才可产生符合标准的碳汇，需8年至10年时间；按被告人盗伐的湿地松数量，推算需恢复森林面积1.1亩至1.325亩，最终认定损失碳汇价值为198元至239元。

同年 11 月 20 日，江西省吉安市青原区人民检察院以被告人昌某全涉嫌盗伐林木罪为由，向江西省吉安市青原区人民法院提起公诉；并以被告人盗伐湿地松的行为破坏了森林资源，造成了生态环境损害为由，提起附带民事公益诉讼，要求判令：1. 被告昌某全补种 122 株湿地松并养护成活；2. 如被告拒不补种或补种不合格，则判令被告缴纳造林恢复直接费用 1442 元；3. 被告缴纳碳汇价值损失费 198 元；4. 被告支付鉴定费 2000 元。江西省吉安市青原区人民法院在办理本案过程中，组织双方当事人对民事公益诉讼部分进行调解，被告人认可碳汇价值损失费，最终于 2020 年 12 月 22 日达成了调解协议。

【案件焦点】

被告人支付碳汇价值损失费是否有依据。

【法院裁判要旨】

江西省吉安市青原区人民法院经审理认为：被告人昌某全盗伐林木立木蓄积 7.7091 立方米，数量较大，其行为已构成盗伐林木罪，公诉机关指控的罪名成立，依法应当追究被告人昌某全的刑事责任。鉴于被告人昌某全主动到公安机关投案，并如实供述了其盗伐林木的犯罪事实，系自首；积极退缴非法所得；自愿认罪认罚；就附带民事公益诉讼部分与公益诉讼人达成了承诺补种复绿并支付碳汇价值损失费及鉴定费的调解协议，因此对其予以从轻处罚，宣告缓刑。

江西省吉安市青原区人民法院依照《中华人民共和国刑法》第三百四十五条第一款、第六十七条第一款、第七十二条第一款和第三款、第七十三条第二款和第三款、第五十二条及《中华人民共和国刑事诉讼法》第十五条规定，判决如下：

被告人昌某全犯盗伐林木罪，判处有期徒刑六个月，缓刑一年，并处罚金人民币 10000 元。

宣判后，被告人昌某全未提出上诉，公诉机关亦未提出抗诉，判决已发生法律效力。

【法官后语】

本案是被告人主动和检察机关达成调解协议，承担碳汇价值损失费的刑事附带民事环境公益诉讼案。该案裁判确认的“盗伐林木造成生态环境损害，被告人除对受损生态环境恢复原状外，还主动支付碳汇价值损失费赔偿对受损生态环境修复期间生态环境服务功能损失，可作为量刑情节予以考量”的规则符合法律规定，具有前瞻性，有利于促进我国实现“碳中和”目标。

一、检察机关诉请被告人支付碳汇价值损失费有法律依据

生态环境的受损即生态利益的价值减损，随着全球环境的恶化，生态功能性价值的重要性越来越凸显。正常情况下，生态服务功能的直观体现即生态功能性价值是一直持续的，不间断地对周边生态环境发挥巨大作用。即便受损的生态环境之后可予以修复，但在修复期间其生态服务功能受损造成的不利影响仍是客观存在的。也就是说，在受损生态环境能够修复时，违法行为人除了需对受损生态环境恢复原状，还应赔偿对受损生态环境修复期间生态环境服务功能受损造成的损失。《中华人民共和国民法典》对此予以了确认，其第一千二百三十五条明确规定违反国家规定造成生态环境损害的，国家规定的机关或者法律规定的组织有权请求侵权人赔偿生态环境受到损害至修复完成期间服务功能丧失导致的损失、生态环境功能永久性损害造成的损失。2019年施行的《最高人民法院关于审理生态环境损害赔偿案件的若干规定（试行）》第十二条则进一步明确了在受损生态环境能够修复的情况下，人民法院可根据具体案情，判决支持原告请求赔偿的生态环境受到损害至修复完成期间的服务功能损失。本案中的碳汇价值损失费是林业碳汇量化的森林生态价值，属于生态服务功能期间损失费用。因而，在本案附带民事公益诉讼中，检察机关在要求被告人进行补种复绿的基础上，探索性地提出要求被告人承担被破坏林木的碳汇价值损失费具有前瞻性，且有法律依据，有利于贯彻《中华人民共和国民法典》绿色原则，应予以支持。

二、被告人主动支付碳汇价值损失费可作为从轻量刑情节予以考量

实践中，法院在办理涉及砍伐或破坏林木的刑事案件中，采取措施修复生

态已是常态，最常见的方法是补种复绿，也有以被告人自愿认购碳汇方式替代性修复生态。但该做法有一定的局限性，对于只选择补种复绿和自愿认购碳汇其中一种方式的案件，并不能全面地恢复生态。而对于自愿认购碳汇方式，首先，被告人对该方式具有自由选择的权利，其完全可以不选择；其次，被告人选择该种方式的前提是当地必须有可提供认购相关碳汇项目的平台，而实践中已实施相关碳汇项目的地区极少。本案中，由法院组织被告人与检察机关达成调解协议，在承担损害生态环境民事责任的方式上，由被告人主动承担碳汇价值损失费，既可体现被告人认罪认罚的悔罪态度，有利于全面弥补被害人的损失，更全面地修复生态环境，又可宣示此类破坏生态行为违法成本的提高，实现预防犯罪目的。因而，被告人在对受损生态环境恢复原状基础上，主动支付碳汇价值损失费应当作为从轻量刑情节予以考量，从而有利于更全面地恢复受损环境生态功能价值，促进实现我国“碳中和”目标。

编写人：江西省吉安市青原区人民法院　肖晓军　刘娟　熊苗苗

40

环保部门作出对社会公众产生重大影响的环保批复时应保障公众知情权

——侯某某等诉某市生态环境局、某市人民政府行政复议案

【案件基本信息】

1. 裁判书字号

山东省济南市中级人民法院（2020）鲁01行终86号行政判决书

2. 案由：行政复议

3. 当事人

原告（上诉人）：侯某某、沈某某、韩某

被告（被上诉人）：某市生态环境局、某市人民政府

第三人：供电公司

【基本案情】

供电公司为建设某市220kV世纪输变电工程项目，向某市生态环境局报送由电力研究院编制的《某市220kV世纪输变电工程环境影响报告表》。某市生态环境局受理申请材料后，在某市生态环境局及某市人民政府网站发布了受理公示，后在官方网站发布涉案工程《环境影响评价文件审批意见的公示》及《环境影响报告表审批决定的公告》。最终，某市生态环境局作出批复，同意按照报告表中提出的性质、规模、地点和环境保护对策建设本期工程。侯某某、沈某某、韩某居住在涉案项目附近小区，因认为涉案环境影响报告表合法性、合理性存在严重问题，错误明显，就上述批复向某市人民政府申请行政复议，请求撤销批复。某市人民政府经复议维持某市生态环境局行政行为。侯某某、沈某某、韩某仍不服，向法院提起行政诉讼，请求撤销某市生态环境局、某市人民政府的行政行为。诉讼中提出诸如变电站位置和实际位置完全不符、监测数据和类比数据真实性存疑、变电站及线路选取的类比对象错误、部分敏感点评价等级错误、声音评价范围无故缩短、生态敏感区认定错误、图表引用混乱、电场强度和磁感应强度数据不真实等16个问题，并提供了周边多个小区群众的联合签名，请求停止变电站建设。

【案件焦点】

1. 生态环保部门针对供电公司为建设输变电工程项目向其报送的《输变电工程环境影响报告表》的受理、批复程序是否合法，事实认定是否清楚；2. 复议机关的复议程序是否合法；3. 生态环保部门是否制定了行之有效的信息公开及沟通机制。

【法院裁判要旨】

山东省济南市历下区人民法院经审理认为：某市 220kV 世纪输变电工程项目为编制环境影响报告表项目，法律法规并未强制规定在编制环境影响评价文件中必须进行公众参与。并且，某市环境影响评价技术审查中心已经组织专家对涉案环境影响报告表提出评审意见，评价单位也进行了修改和补充。同时，某市生态环境局在行政审批过程中也在官方政府网站对该项目环境影响评价文件受理和拟作出的审批意见进行了公示、公告，能够保障公众参与的权利，且并未剥夺公众听证的权利。

关于涉案输变电站工程与周边区域距离是否符合《中华人民共和国国家环境保护标准》（HJ24-2014）导则中环境影响评价范围的问题。环境影响评价范围是指项目整体实施后可能对环境造成的影响范围，并不代表项目与周边敏感点所需的距离，也就是说在评价范围距离内并不是不允许建设，而是需要评价，只要评价结果符合相关要求即可。供电公司提交环境影响报告表内容涵盖了法定报批内容，且经过了专家论证，网上公示等方法和环节，编制单位电力研究院也具有相应的环境影响评价资质，某市生态环境局依法作出涉案批复结论并无不当。某市生态环境局于 2016 年 6 月 12 日受理供电公司提交的涉案建设项目的《环境影响报告表》审批申请，在其官网上对该项目环境影响评价文件受理进行了公示，后于 2017 年 1 月 17 日作出拟审批意见的公示，并在 2017 年 1 月 23 日予以审批公告。虽然涉案环境影响报告表在受理后曾由某市环境影响评价技术审查中心于 2016 年 6 月 17 日主持召开专家评审会，并由评价单位电力研究院进行修改和补充，但自 2016 年 11 月 21 日作出济环辐技审表〔2016〕18 号技术审查意见后至 2017 年 1 月 23 日审批公告时止，已经超出法律规定的审批期限。某市生态环境局超期审批的行为属于处理期限轻微违法行为，应确认行政行为程序违法，但对原告的权利并不产生实质性损害，依法不予撤销。侯某某、沈某某、韩某不服某市生态环境局所作涉案批复，向某市人民政府申请行政复议，某市人民政府于 2018 年 11 月 12 日予以受理，于 2019 年 1 月 7 日作出延期审理 30 日的通知书并送达当事人，经听证审查后，于 2019 年 1 月 29 日作出行政复议决定书并送达各方。该复议决定事实清楚，适用法律法规正确。

山东省济南市历下区人民法院依照《中华人民共和国行政诉讼法》第七十四条第一款第二项、第七十九条规定，判决如下：

一、确认某市生态环境局作出的批复的超期行为程序违法；

二、驳回侯某某、沈某某、韩某要求撤销某市生态环境局作出的批复的诉讼请求；

三、驳回侯某某、沈某某、韩某要求撤销某市人民政府作出的行政复议决定书的诉讼请求。

侯某某、沈某某、韩某不服一审判决，提起上诉。山东省济南市中级人民法院经审理认为：关于《建设项目环境影响报告表》中监测数据和类比数据的真实性问题。《建设项目环境影响报告表》记载的相关数据系变电站现场实时数据，相比气象部门对济南全域天气情况数据更加精准，两者之间存在偏差符合常理。上诉人主张不能成立。

关于《建设项目环境影响报告表》中生态敏感区认定是否正确。根据《建设项目环境影响评价分类管理名录》第三条及《环境影响评价技术导则 生态影响》（HJ19-2011）相关规定，本案的生态环境影响评价符合一般区域类型，并无不当。关于《建设项目环境影响报告表》中电场强度和磁感应强度数据真实性问题。在案证据足以证明《建设项目环境影响报告表》中关于电场强度和磁感应强度数据的得出符合《环境影响评价技术导则输变电工程》（HJ24-2014）的相关规定。关于《建设项目环境影响报告表》是否遗漏重要事项评价问题。涉案项目属于环境敏感区，位于一般区域，不属于生态敏感区。本案的生态环境影响评价符合一般区域类型，《建设项目环境影响报告表》中对于生态环境影响评价范围与《环境影响评价技术导则 输变电工程》（HJ24-2014）第4.7.2条规定相符，《建设项目环境影响报告表》中涉及的评价范围项目齐全，并未遗漏有关事项。关于《建设项目环境影响报告表》是否严重隐瞒事实的问题。变电站并非集中使用大型电磁辐射的发射设施或高频设备。侯某某、沈某某、韩某主张《建设项目环境影响报告表》严重隐瞒事实，没有事实依据。关于

《建设项目环境影响报告表》中声音评价范围是否无故缩短问题。根据一般规律，噪声随距离增大而逐渐衰减，距离越远噪声越小。《建设项目环境影响报告表》载明厂界噪声预测结果符合相关标准，环境噪声站界外40米范围内区域亦符合相关标准。综上，一审法院确认行政行为程序违法而不予撤销，于法有据，并无不当。

山东省济南市中级人民法院依照《中华人民共和国行政诉讼法》第八十六条、第八十九条第一款第一项规定，判决如下：

驳回上诉，维持原判。

【法官后语】

行政机关作出的行政行为是行政管理法律关系的客体，即双方当事人的权利义务指向的对象。双方当事人围绕行政行为形成法律关系。行政主体有权依法实施行政行为，行政相对人则负有服从的义务。但有些情况下，行政机关的行政行为不但对行政相对人产生重大影响，还会对其他有关单位、组织或个人产生影响。在后一种情况下，行政机关作出行政行为前，应当统筹考虑行政行为的社会接受度及影响，提前做好宣传、释明等工作，避免引发误解和质疑，在做到行政行为事实清楚、程序合法、适用法律准确的同时，还要做到能让行政相对人及其他利益相关方了解行政行为的初衷、目的，消除针对行政行为的顾虑和担忧，达到良好的社会效果和法律效果。

环境问题对人类生活和经济发展有着重大和深远的影响，而环境保护是我国要长期坚持的一项基本国策，是我国现代化建设中的一项战略任务，也是可持续发展战略的必然要求，环境保护工作越来越引起人们的关注和重视。我国是社会主义国家，发展生产、进行建设的最终目的在于造福人民，满足人民对美好生活的向往。对于会对社会公众有重大影响的环境保护行政批复，生态环境主管部门应在依法履行法定程序，予以严格审查的同时制定行之有效的信息公开及沟通机制，保障社会公众知情权，回应社会关切，促进公众知悉建设项目对周边环境的影响，保障公众能够及时有效参与环境保护工作，打消顾虑，以便化解行政争议，促进社会和谐，真正做到让环保工作造福人民群众。

变电站是现代化城市不可或缺的基础设施之一，设计、建设、运行具有很强的专业性，在公众对信息掌握不充分的情况下，极易产生变电站建设、运营会产生电磁辐射，影响环境安全的担忧和顾虑，进而对变电站建设项目产生抵触心理，引发行政争议。优质、可靠、安全、清洁的电力供应，是社会经济持续发展的基本保障。电力设施作为重要的基础设施，在优化能源资源配置、消纳清洁能源、应对环境污染等方面正在发挥日益重要的作用。有关环境保护行政主管部门在对此类建设项目作出行政行为的过程中，可通过公众喜闻乐见的形式与公众进行沟通，并加大宣传力度，从专业角度向社会公众释明相关建设项目情况，并对建设项目的环境影响问题向公众答疑解惑，方便公众及时了解建设项目的相关内容及其带来的环境影响，更好地保障公众对建设项目环境信息的知情权，从而更为有效地预防行政争议，促进社会和谐。

行政机关履行职责过程中，应注意确保行政程序合法，行政目的正当。行政行为的效率原则要求行政机关应当积极履行法定职责，禁止行政不作为或不及时作为，行政行为应遵守法律规定的时限，不能出现不合理迟延。人民法院审理行政案件，依法坚持全面审查原则，除了审查行政行为认定事实之外，对于行政程序是否合法同样应当进行依法审查。环境保护行政批复类案件，行政机关作出的行政行为通常会包括方式、步骤、时限和顺序等要素，人民法院审理该类案件时，应当对行政机关的上述要素是否齐备等内容进行审查。司法实践中，行政行为违法的主要表现形式为方式违法、步骤违法、顺序违法和时限违法等。而行政行为的法定期限是指法律所规定的行政机关作出或完成某一行政行为的时间限制，除非出现法定理由，否则，一旦超出期限即为违法。根据《中华人民共和国行政诉讼法》第七十四条的规定，行政行为程序轻微违法，但对原告权利不产生实际影响的，人民法院判决确认违法，但不撤销行政行为。具体到本案中，行政机关审批期限超出法律规定，且无正当理由，应被确认违法。

人民法院应积极参与法治政府建设，主动延伸司法服务，强化矛盾前端治理，就行政行为中易引发行政争议的风险点及时通过司法建议的形式予以提醒，促进行政机关严格遵守法定程序，合法行政、合理行政，减少诉讼风险。本案审结后，济南市中级人民法院分别向生态环境局和供电部门发出司法建议，两部门都进行了书面回复，取得了良好的法律效果和社会效果。

编写人：山东省济南市中级人民法院　张振明

ISBN 978-7-5216-2505-9

图书在版编目（CIP）数据

中国法院2022年度案例．土地纠纷：含环境资源纠纷/国家法官学院，最高人民法院司法案例研究院编．—北京：中国法制出版社，2022.2
ISBN 978-7-5216-2505-9

Ⅰ.①中… Ⅱ.①国…②最… Ⅲ.①土地-民事纠纷-案例-汇编-中国 Ⅳ.①D920.5

中国版本图书馆CIP数据核字（2022）第025252号

策划编辑：李小草　韩璐玮（hanluwei666@163.com）
责任编辑：韩璐玮（hanluwei666@163.com）　　封面设计：李宁

中国法院2022年度案例．土地纠纷：含环境资源纠纷
ZHONGGUO FAYUAN 2022 NIANDU ANLI. TUDI JIUFEN：HAN HUANJING ZIYUAN JIUFEN

编者/国家法官学院，最高人民法院司法案例研究院
经销/新华书店
印刷/三河市紫恒印装有限公司
开本/730毫米×1030毫米　16开　　印张/13.5　字数/163千
版次/2022年2月第1版　　2022年2月第1次印刷

中国法制出版社出版
书号ISBN 978-7-5216-2505-9　　定价：56.00元

北京市西城区西便门西里甲16号西便门办公区
邮政编码：100053　　传真：010-63141600
网址：http：//www.zgfzs.com　　**编辑部电话：010-63141790**
市场营销部电话：010-63141612　　**印务部电话：010-63141606**

（如有印装质量问题，请与本社印务部联系。）

新规则案例适用系列

民法典新规则案例适用	108 元
刑法修正案（十一）新规则案例适用	78 元
知识产权新规则案例适用	即出
民法典担保制度新规则案例适用	即出

民法典时代

中华人民共和国民法典释义与案例评注：总则编	125 元
中华人民共和国民法典释义与案例评注：物权编	156 元
中华人民共和国民法典释义与案例评注：人格权编	65 元
中华人民共和国民法典释义与案例评注：婚姻家庭编	68 元
中华人民共和国民法典释义与案例评注：继承编	65 元
中华人民共和国民法典释义与案例评注：侵权责任编	108 元
中华人民共和国民法典释义与案例评注：合同编	246 元
中华人民共和国民法典总则编释义	158 元
中华人民共和国民法典合同编释义	228 元
中华人民共和国民法典人格权与侵权责任编释义	158 元
中华人民共和国民法典婚姻家庭编与继承释义	98 元
中华人民共和国民法典物权编释义	148 元

新法释义系列

中华人民共和国个人信息保护法释义	78 元
中华人民共和国数据安全法释义	58 元